JN057005

法廷調書

永山則夫

月曜社

目次

刊行にあたって

本書は一九八六年十一月から十二月にかけて、東京高等裁判所刑事三部（石田穣一裁判長）で三回にわけて行われた永山則夫の供述の記録である。

永山則夫は一九八一年八月、高等裁判所における二審判決で一審の死刑判決に代わって無期懲役の判決を受けた。これに対し高等検察庁は異例の上告を行い、最高裁判所は一九八三年、二審判決の破棄と高裁への差し戻しを命じる判決を下した。この差し戻し審の過程で公判方針のすすめ方を巡って永山は当時の弁護団と対立し、代わって国選弁護人として遠藤誠が選任され、弁護にあたった。この公判の最終段階となる十六、十七、十八回公判で遠藤誠の前に永山が事件とそこに至る自身の軌跡を語ることとなった。

逮捕直後の捜査官の誘導による供述に同意したため、永山の裁判で事実関係が争われることはなく、永山自身が自分の軌跡を語ることはなかった。その数少ない例外が一審における石川義博による精神鑑定であり、もうひとつがこの高等裁判所における供述である。またこれは長期にわたった永山則夫の裁判における本人による最後の証言としても貴重なものである。

一九八七年九月、「永山裁判ニュース刊行会」がこの供述の裁判所による速記録を冊子として刊行した。本書はこれをはじめて単行本として刊行するものである。刊行にあたっては処刑の四日前に永山則夫に面会していた元身柄引受人候補・市原みちえが尽力した。また無期懲役判決時の弁護人であり、その後も「永山子ども基金」の活動を続ける大谷恭子に同基金のメンバー清水幹王を聞き手として永山裁判について話していただいた。また作家としての永山を論じてきた文芸評論家の井口時男に解説をお願いした。（文中敬称略）

永山裁判とは何だったのか

大谷恭子
（聞き手・清水幹王）

――永山裁判が、現代社会に問いかけることは何でしょうか？　裁判において「永山基準」という言葉が使われるようになりましたが、近年の裁判や死刑判決の行方をどう見ていますか？

一九六九年、永山くんは十九歳九ヶ月で、少年事件として逮捕されました。ただしその時点で保護事件としての少年事件ではなく刑事事件として科せられるだろうということは誰もが想定しました。永山くんは少年法の利益を受けずに、その負のところを負わされてきたのです。

私は高等裁判所で行われる控訴審で永山くんの弁護人になりましたが、事件を担当するにあたって、まず気づいたのは送検［少年事件において保護処分ではなく刑事処分が妥当と家庭裁判所が判断し、その事件が家庭裁判所から検察官に送り返されること」が早かったということです。捜査では一件の事件で普通は二十三日かかりますから、丁寧な捜査がされていれば四人の殺人事件ですと三ヶ月以上かかるはずでした。そうならなかったのは成人になる前に家裁に送致しなければならないと判断されたからでしょう。捜査が遅れて審判時に成人になってしまっていると少年法の適用がなくなってしまいます。そのことが社会的に非難されることを恐れたのか、とにかく一件一件丁寧に捜査されているとは言い難く、急いで送致したと思われます。これだけの重大事件でありながら、本人がほとんど供述しない中で、裏付け捜査もそこそこに、結局、永山くんは刑事事件として大人と同じ扱いを受けることになり、少年としての配慮は全くされませんでした。そうして一審が終わります。彼自身は公判廷で事件について一言も語らず、それについての公判供述は殆どありません。一審の法廷では彼の政治的主張だけが繰り返されました。一審で最初についた国選弁護士は、調書の取り調べに同意してしまいましたから、それがそのまま証拠になってしまいました

唯一残っているのが、精神科医の石川義博さんによって行われた精神鑑定です。これは丁寧に永山くんへのカウンセリングをしながら行われた精神鑑定で、そこで彼は初めて自由に語れる環境のなかで事実を述べることができました。これはあの一審の中の唯一の光です。そこでしか事実関係は語られていないのですから。しかし一審判決においては少年であるということは全く考慮されませんでした。

高裁では船田三雄さんが裁判長でしたが、私達は、控訴趣意書では石川鑑定に書かれた事実を基に、もう一度事実を洗い直して、一審の事実認定を争おうとしました。もともと非常にずさん

な捜査の調書しかなかったのですから、永山くんがどういう経緯で、具体的にどんな行動をとったのかということに関して、唯一証拠として採用されていた石川鑑定に書かれた事実に基づいて、一審判決が事実誤認と量刑不当であると主張したのです。しかし船田法廷は、事実誤認については取り上げず、量刑不当だけが審理の対象とされました。刑事の控訴審では基本的に事実調べのやり直しはされません。一度、調べたことはもうそれで決まりで、高裁は一審では調べられなかった事情があった場合にだけ事実調べをします。そこは船田法廷でも同じだったので、私達は永山くんが、慰謝をしていること、被害者遺族に印税を送り続けていること、また本人が伴侶を得て、謝罪し続けたいと言っていること、それから本人が妻を代理人としての謝罪に行かせていることなどを立証しました。しかしやはり事実関係に関しては、彼の口からは語ってもらっていません。

長い裁判の中で船田法廷だけが唯一、彼が少年であるということに光をあて、犯行時少年だったことが斟酌（しんしゃく）されました。船田判決では、一審判決は当時の彼の心情、悲惨な成育歴、真っ当な成長をしていない可能性があり、精神的成熟度が十八歳未満である可能性がある、十八歳未満の者には死刑を科すことができないという少年法の理念、また、取り返しのつかない死刑判決は慎重であるべきであり、どの裁判所にあっても死刑判決がやむを得ないと思われるようなときに死刑判決とするべきである、との考えから、一審判決を破棄して無期懲役にしました。船田判決は石川さんの精神鑑定を引用したわけではないけれども、「未成熟であった」との認定はあきらかに石川鑑定に依拠したと私は確信しています。事実認定はくつがえりませんでしたが、永山くんの過酷な成育歴のため精神的成熟度が不十分だった可能性があるという側面から事件に光を当てたという意味では、最大に評価できますし、刑事事件、特に少年刑事事件に対するスタンスとしては素晴らしいものだったと思っています。

ところが、それが最高裁判所に行ってくつがえされる。その時の基準が「永山基準」と言われるようになります。ここでは少年事件であることは一切配慮されていない。ただし被害者の数が重要になり、これ以降の裁判では、被害者が何人かということが一つの判断基準になって、よほどの事情がない限り複数殺害の場合、ある種、類型化されていくことになっていきます。そこでは船田判決が示した少年法の理念が一切顧みられることはありませんでした。

逮捕されたとき、永山くんはすべてに絶望した自殺志願者となって早期の死刑を望んでいて、裁判の意味を全く理解していませんでした。その中で調書は捜査官が想像で「こうだったよね」と言いながら書いたものに、ポツンポツンと語った彼の言葉を拾い上げて作られました。つまりほとんど誘導で作られた調書なのです。ですから、そこには真実は一切ありません。たとえば二審の無期懲役を破棄した最高裁判決では、名古屋の事件について「待って、待って」と、命乞いをする相手に発砲したことが犯行態様としても残虐であると認定されていますが、決してそれは「命乞い」をするということではなかったのです。少年がおもちゃのような拳じゅうをもっていたのですから、「待て、この野郎」といって被害者が向かってきたところを撃ってしまったというのが事実なのです。取り調べで「待て、と言われた」と言葉少なに語ったことが、「命乞い」をした被害者を無慈悲に殺害したかのようになりました。これは、捜査官の脚色です。同じようなことが随所にあって、それが彼の不利益になっていましたが、やっと、高裁での差し戻し審の最後の最後に、遠藤誠弁護士による被告人質問が行われます。それが今回の『法廷調書』です。そこで、法廷で初めて彼が事実を語りました。しかし、これはもはや死刑しかないとなかば決まっていた中でのことでした。

そして一九九〇年に永山くんの死刑が確定し、一九九七年に死刑が執行されます。「酒鬼薔薇事件」があり、そして少年事件でも重罰化の傾向がまた出始めた時でした。船田法廷のころは死刑制度への見直しの気運があり、死刑に対して裁判所は慎重でなければいけない、あるいは裁判官の全員一致でなければいけないという、謙抑的な姿勢を多くが共通に持っていた時代でした。そこから時代は変わりましたが、それでも、死刑執行が決められるときは、再審の可能性など、いろいろ斟酌されていましたから、そういう基準からしたら、永山くんは、死刑判決は確定してしまったけれど、一度は無期懲役の判決を受けているし、少年時の犯行であるということから、執行はかぎりなく遅いはずだと私は思っていました。ところが「酒鬼薔薇事件」を機に厳罰化の傾向が出てきて、この時期なら少年事件への死刑執行に対する社会的非難が少ないと踏んだ誰かが永山くんを執行対象のリストに入れてしまったのではないかと私は思っています。

——「酒鬼薔薇事件」のときには、あんな残虐な行為をする人はモンスターだという風潮でした。でもあれも少年の病理としてあり得ると思われます。

普通、子どもは成長の過程で社会化されていきます。例えば、小さい子は虫をつぶしたりしますよね。それが、成長するにしたがって、猫を殺してはいけない、人間を傷つけてはいけないということを学んでいくわけです。ところが残念ながら、そこから外れてしまう子たちがいます。その病理を社会化していくことが少年事件では大事になります。少年事件にかかわっている人たち、例えば家庭裁判所の調査官はそのことがわかっているはずです。人間は、生まれてすぐ社会化していくわけではないから、社会の中で共同生活をする中で、これはしちゃいけないこととして理解していきます。そこの成長過程のバランスが悪かったりすると、事件をおこすことがあるわけですが、それを少年事件は保護事件として社会化する。そこで刑事裁判とはまた別の手続きがとられるのですが、残念ながら以降はそれが軽んじられ、刑事罰になるという流れが強まっています。

——永山さんは事件当時十九歳でした。少年事件における「十八歳」という年齢の基準に意味はあるのでしょうか？　少年犯罪の特殊性とは何でしょうか？

十八歳の誕生日はただの成長過程の一つの通過点ですが、法律ではどこかで区切らなくてはならないので、日本の法制はその区切りを十八歳と決めました。私は「若草プロジェクト」という、困難な課題を抱えている少女たちを支援する活動をしています。十八歳未満だと児童福祉の対象になり保護されますが、十八歳以上はその保護が切れて、女の子たちがより困難になる現場を身近に見ています。刑事事件においても、そこはすごく大きい。一人の人間の過程からしたら、十八歳未満と十八歳以上で、何かガラッと変わるわけではないし、緩やかに成長している人もいれば、十六歳で十八歳以上の社会性と知能を持っている子もいるだろうし、その違いこそが個性です。永山くんは幼少時からネグレクトや虐待、不登校で、中学卒業後は過酷な肉体労働をしていたりと、社会化の機会が少なかった。そこで「その精神的成熟度は十八歳未満ということもありうる」としたところが船田判決の素晴らしいところだと思うのです。十八歳以下に死刑は科せられないという法の趣旨からするならば、成長の遅い子は、死刑にできない。一律にではなく、いろんな事情を斟酌して量刑を決めていくべきなのです。特に死刑は取り返しのつかない刑ですから、自分自身の責任で変えられないことに関しては、その人にとって有利に斟酌するということを裁判官はやれるのです。それを最大限有利に斟酌したのは船田判決であり、対してそれを許さないとしたのが最高裁の「永山基準」です。特に近年、裁判員裁判になって、死刑を被害者の数で判断するという機械的な当てはめによる量刑事情がまかり通るようになりました。

たとえば、オウムの事件の時、なぜ私たちの社会はあのような宗教を生み、あの宗教を容認し、暴走を許してしまったのか。これはあの集団だけの責任か、社会はそれをどのように見て、それに対してどう対応をしてきたのかが問われました。何が犯罪を生み出したのかを問う時、もちろん個人の責任はあるということを前提とした上で、なぜ彼がそのような行動をとってしまったのかという原因が究明されなければならないのです。そこに深く切り込めない刑事裁判はありえない。永山くんもそうだし、連合赤軍事件もオウムの事件もそうです。なぜ彼や彼女たちはそうしてしまったのかということをあきらかにするのが刑事裁判の役割だと思います。

永山くんの事件はその典型であると思います。少年事件だったのですから、その要因は幼少時からのネグレクトや虐待にあることは容易に想像できます。とするならば、その関係にふみこまなくてはならない。それを船田判決はものの見事に短い言葉で表しました。過酷な成育歴があり、そこに適切に福祉が届いていたならば、特に五歳のときに置き去りにされて、ひと冬を越しそこで心身に傷を残したとするならば、それは社会の責任であり、その福祉の貧困にも一端の責任がある、と。これは刑事事件の判決とし、お手本になるべきものです。でも残念ながら、あれほどの被害を出しながら、オウム裁判においてもこの視点は重要視されなかった。私が危惧しているのは、裁判員裁判になって、ますますそこが語られなくなったことです。集中審理ということと、裁判を市民にわかりやすくするということのために、公判前整理手続きの中で論点を絞っていくのですが、成育歴とか、何が彼にとって問題だったのかということを議論しようとすると、裁判員にはわかりにくいと制限される。すると船田判決のようなものはもうでてきません。これは日本の今の刑事裁判のとても大きな問題です。

——最高裁判決は、「たしかに（永山の）成育歴は過酷であったことは否めない。ただし他の兄弟が立派に成長していることをかんがみると、それを過大視してはいけない」と断じています。しかし実際には他の兄弟も各々たいへんな人生を歩まれているようですし、そもそも同じ寒いところに置き去りにされても、その年齢によって受ける影響は変わりますよね。

同じ環境を与えても同じように育たないというのは、普通の家庭を見てもわかるはずです。兄弟で年齢差があると違うし、永山くんの場合は、兄から暴力的虐待を受けていました。親からのネグレクトだけではなく、そこで兄弟の中での生存競争が生まれて、お兄ちゃんたちが弟を虐める。同じように捨てられたんだから、過大に評価するべきではないという最高裁判決は想像力が貧困すぎます。

――石川精神科医による鑑定の意義は何でしょうか？

永山くんはいろいろなもの残してくれましたが、その中で一番光っているのが石川鑑定です。石川鑑定は、その後の精神鑑定でも類をみないほど素晴らしいものです。私は日本の精神鑑定の中でこれほど詳細に、事実も組み込み、鑑定手法としても、その当時の最大の知見、最高のものを使ったものは他にないと思います。石川さんは親子三代にわたる虐待の連鎖ということまで調べました。永山くんのお母さんも虐待されて育っていて、お母さんが子育てに対して歪んだ認知しか持っていないということ、虐待の連鎖の中で、さまざまな出来事を拾いながら、一つ一つの場面で成長の機会を逃していることを詳細に拾い出しています。その時この関わりがあれば引き上げられたのにという、その機会をつかみ損ねたことが何度もあった事があきらかにされました。成長過程に与えられるべきものを与え損ね、あるいはそれをつかみ損ねたことで犯罪に陥ることがあります。ここは非常に偶然性に左右されています。彼の場合、成長過程において与えられるべきものが与えられず、それとは逆に不利益条件が集中豪雨のように彼にふりかかってきていました。

石川さんがここまでやれたのは、判定者と被判定者の間に信頼関係があったからですが、それを当時の最高の知見で行っています。石川さんは永山くんが外傷性で脳に傷がついたんじゃないかというところまでたどり着いています。子どもの頃、何か怪我をしなかったかということを一生懸命に聞いたら、永山くんが「そう言えば幼い時にストーブに転ばされて火傷をしたかもしれない」と思い出す。まだこの時代はＰＴＳＤなどわかっていなかったし、それが脳の発達に影響を与えるということもわかっていなかった。それでも何かがあると判断し、外傷性から来る衝動性があると考えています。一九九〇年代後半になってくると、ＰＴＳＤで、成長期において虐待を受けたり、ものすごくつらくて悲しい思いをすると、脳の一部の成長を阻害し、衝動行動が起こりやすくなるということがわかってきました。その時点ではまだ脳科学も言語化できていなかったのですが、石川さんは何かあるとわかっていたのです。

最高裁判決のあと、高裁で差し戻し審が行われることになりました。その段階で私たちは最後の手段として石川鑑定から精神状態のマイナス要因をかき集めて、永山くんが犯行時、統合失調症を発症していた可能性があるのではないかとして精神鑑定を要求しました。それを永山くんは拒絶して、そこで私たちは弁護を降りることになります。差し戻し審だから可能性のあることは全てやろうということでしたので、当時の方針としてそれはやむを得なかったと私は思っています。その後、幼年期の虐待が脳に影響を与え、それで衝動行動が押さえられないということも解明されてきましたが、まさに永山くんはそれにあたります。いまなら被虐によるトラウマによって衝動行動が抑制することが出来ず、その結果心神耗弱の状態に陥っていたと言えると思うのですが、その当時はそこまで解明されていなかったのです。

――永山則夫という人間が、この世界に遺していったものは何でしょうか？

私は、この裁判過程、石川鑑定と船田判決とその後の裁判の経過が最大の遺産だと思っています。まずこんなふうに人の命が翻弄されることを日本の司法がしたということ。死刑になり、その後、無期懲役の判決を受けたのに、死刑を求めての上訴を許した。これだけでもアメリカからも遅れています。アメリカでは死刑を求めての上訴を許さないから一度無期になったら、もうそれで裁判は終わり、死刑になることはありません。加えて、石川鑑定と船田判決という日本の裁判史上類を見ない鑑定と判決、これだけの遺産を残したのですから裁判だけでも非常に特異なものになったと思います。

もうひとつの遺産は遺言です。私は執行の報を受けたあと、気力を振り絞って拘置所に永山くんの遺体を引き取りたいと申し入れました。しかし、もう荼毘に付して遺体の引き取りはできないと言われました。身元引受人なら遺体のまま引き取れたけれど、そのときは身元引受人がいなくて、その間隙を縫うように死刑が執行されたのです。ご遺体を引き取れないならもういいかと思いましたが、最後の最後の力を振り絞って遺骨を引き取りに行ったら、「遺言があります」と言われました。これには驚きました。多くの死刑囚が執行されていますが、こういう形で遺言が外に出されるというのも珍しいのです。彼は誰に宛てたのか遺言を残した。そのひとつが「印税が入ったら、世界の貧しい子ども、特にペルーに」というものです。遺骨を海にまいておしまいだと思っていたら遺言を受け取ってしまった。さらに衝撃的だったのは、遺品の中に、永山くんが書き続けた原稿が机の高さまであったことでした。書いても塀の外には出せない、社会に出せない原稿をずっと書き続けていたのです。外部交通を遮断されたことの非人間性、非人道性、残酷さを思いました。その原稿が本になって、印税が入って、結局、二千万円以上がペルーの貧しい子どもたちに送られました。ペルーの子どもたちはものすごく感謝しています。「自分たちはノリオのようにならない、ノリオもそうならないようにと、死刑になる直前に自分たちのことを思ってくれた」と。こんな海を越えた繋がりもできたり、永山くんの遺したものは大きいと思います。遺したというより、永山くんがいまだにいろんな人たちに影響を与え続けていると言った方が近いかもしれません。だから私もいまだに永山くんから離れることが出来ないのです。

（二〇二一年七月十六日）

二人の永山則夫

井口時男

四年前、永山則夫について書いたほぼすべての文章をまとめて『永山則夫の罪と罰——せめて二十歳のその日まで』（コールサック社）を刊行した。三十数年間、文芸批評家としての私の経歴のほとんど全期間にわたって永山則夫について書いてきたことになる。

私がわざわざ「訪問」した——実は拘置所での「面会」だったが——「作家」は永山則夫だけだし、ゆかりの地を訪ねて俳句を詠んだりしたのも永山則夫だけなのだ。

思えば不思議な縁だ。「道端の石」（永山は「少年殺人者」の先輩たる李珍宇をこうたとえたが、彼自身のことでもあった）と「馬の骨」（文学的な氏素性なきこの私のことだ）は相性が良いのかもしれない。この縁の中には、永山が「トーコー大」（彼が語呂合わせで言う東拘大＝東京拘置所大学）で学び、遅れて私が「トーコー大」（東工大＝東京工業大学）で教えたなどという冗談めいた糸もまじっているが、中心にある太い糸を作ってくれた阿部晴政氏の委嘱を受けて、今またここに一文を草することになった。

永山さん——あらためてこう呼びかけてみます。三十年もの昔、拘置所のあなたに何度か通信を書いていた時のように。

あなたが四十八歳で刑死したのが一九九七年の八月一日。それから二十四年目の盆も過ぎてしまいました。あなたは一九四九年六月の生れだから、私より四歳上で三学年上。生きていれば七十二歳。だが、七十二歳のあなたなど想像もできないし想像したくもありません。あなたはもう私より年下なのです。

永山さん、あなたはもうすっかり「過去の人」になりました。あなたの少年時代を取り巻いていた戦後的貧困の風景は消失し、中卒集団就職少年たちが「金の卵」と呼ばれた時代はもちろん、若者たちが「反体制」を掲げて街頭を占拠した時代も（そのころあなたはピストルを射ちながらあちこち逃げ回っていました）、あなたが法廷で実践した反資本主義の「闘争」の時代も、とっくに記憶のかなたです。

もう誰も「階級社会」などといいません。「階級」という言葉はもはや死語。せいぜいソフトに「階層」ですませます。この「豊かな」社会は、どんなに富裕者と貧困者の懸隔がはなはだしかろうと、またその懸隔が固定され再生産され増幅されようと、それはただの「格差」にすぎないのだそうです。「変革」と「連帯」の思想は声をひそめ、資本主義的優勝劣敗の現実を追認する「勝ち組」「負け組」などという下劣な分類法が幅を利かせ、いっさいは「自己責任」になり、わが身を守るエゴイズムばかりはびこってみんな「不寛容」になっています。けれども、その一方で、まるであなたの悲惨な幼年期を圧縮して蒸留したような「ネグレクト」だの「幼児虐待」だのといった概念がごく普通に使われるようになり、学校での悪質化した「いじめ」も絶えません。では、いったい何が変わったというのでしょうか。

永山さん、あなたの逮捕がセンセーショナルに報じられてまもなく、あなたより三歳年上の、当時無名の文学青年だった中上健次は、「この永山則夫という犯罪者は無数の永山則夫のうちの一人なのだ」(「犯罪者永山則夫からの報告」)と書いていました。自分ももう一人の「永山則夫」だった、という気持ちです。中上健次に限らず、当時、多くの同世代(いわゆる「団塊の世代」)の人々が、自分ももう一人の「永山則夫」だった、と思ったのでした。

四歳下の私があなたと「出会った」のはさらに後のことですが、隙間風吹き込む学生寮の二段ベッドの下段で腹這いになって『無知の涙』(合同出版)を読みながら、やっぱりそう思ったのでした。むろん、自分はなぜ現実の「永山則夫」にならずにすんだのか、何が自分を護ったのか、と幾度も問い返しながら読んだのです。

それにしても、作家の洞察力とはすごいものです。中上健次はまだ新聞報道や週刊誌記事を読んだだけでしたが、あなたの犯罪の、というより、あなたという存在の、核心部分を見抜いていました。「永山はいかなる意味においても外部の人間(行動者)である。」「永山にとってもともと内部(言葉)というものはなかった。」

貧困は多くのものを破壊し多くのものを奪います。あなたが奪われたいちばん大事なものこそ言葉だったのではないでしょうか。

幼いあなたは、言葉なきまま兄のすさまじい暴力にさらされつづけ、言葉なきまま家出を繰り返すしかなかったのでした。あなたは言葉によって「他者」や「世界」（親や兄弟は最初の「他者」であり最初の「世界」です）とつながる幸福を一度も体験しませんでした。言葉は無力でした。それどころか、言葉はたびたびあなたを裏切りました。たとえば集団就職先で、網走育ちで訛がないあなたは接待用語なども素早く覚えて優れた適応能力を発揮したそうですが（本書一五五―一五六ページ）、にもかかわらず、皮肉なことに、そのためかえって仲間外れにされて職場をやめることになってしまったのでした。

以後、あなたは言葉によって弁明したり言葉によって関係を修復したりすることをすっかり諦めてしまったようです。「内部（言葉）」なきあなたは破滅へと急ぐように「行動」するしかありませんでした。でも、なんという「行動」だったでしょう。失礼ながら、あなたはまるで、何かにおびえて逃げ回る小動物みたいでした。どこへ逃げても「世界」の悪意が、住込みの同僚や保護観察官の姿をして、あなたを追いかけてきました。そしてあの「番外地」です。人間からは逃げられても戸籍上の「番外地」からは逃げられません。そんなあなたの「行動」に変化が生じたのはやっぱりピストルを入手した時からだったでしょう。ピストルは世界への反撃の武器にも使えます。その結果、あなたは逮捕され、ようやっと、もう逃げ回らずにすむ居場所を手に入れました。塀の中に。

あなたの獄中ノートは「ノート君」という呼びかけから始まっていました。あなたが初めて言葉によって親密な関係を築けたのは獄中で貸与された一冊の大学ノートだったのです。こうしてあなたの「トーコー大」でのすさまじい「学習」が始まりました。自分はなぜ四人の人を殺してしまったのか、なぜ死にきれずにここにいるのか、こんな生に意味などあるのか——そういう切実な問いに促されての「学習」です。

永山さん、あなたは比類ない独学者でした。二十一世紀の日本は「学校化」どころか「塾化」がきわまったような様相を呈していますが、人はすべからく独学者たるべし、とは私の変らぬ信念です。真の独学者はただ自分の生の「必要」に促されて学ぶのです。

そして、突然の自覚が到来します。「覚醒」です。

> この一〇八号事件は私が在っての事件だ。私がなければ事件は無い。事件が在る故に私がある。私はなければならないのである。（『無知の涙』七〇年二月二十八日）

デカルトの「我思う故に我あり」に優に拮抗する認識です。デカルトの方は意識に閉ざされた「内部の人間」の存在証明ですが、「事件が在る故に私がある」はまさしく「外部の人間」の存在証明の定式化にほかなりません。あなたは念を押すように付け加えます。「私はなければならないのである。」一度も存在を肯定的に受容された記憶がなく、何度も自殺を試みては失敗したあなたがそう書くのです。罪なき人を四人も殺したあなたが。ノートに記す日々の断章を「死する者より」と題しているあなたが。（ちなみに、これは「死する者より・その二十四」です。）

あなたはやってしまった後で覚醒したのです。もう取り返しがつかないという手遅れの思いに胸抉られながら、あなたは初めて自分という存在を肯定する地点に立ったのです。

あなたは二カ月ほど後にもこう書いています。「この事件が無い場合、私は一生涯（何度もいうが）ただの牛馬に終わったであろう」（『無知の涙』七〇年五月三日）。「事件」から遅れて、「事件」の意味にあなたは気づいたのでした。いま、あなたは初めて「人間」として覚醒したのです。「死する者」としての覚醒。しかし、ここ以外に「人間」としてのあなたの出発点はありません。

あなたは「出口なし」の状況にあって、道端の石ころを放り投げるように自分というものを「投企」し、その結果として、「死する者」としての「人間」の自覚に目覚めたのでした。その意味で、あなたの覚醒はいわば実存主義的な覚醒でした。

では、やってしまった者がどうやって自分を肯定できるのでしょう。ここからどこへ向かって出発すればよいのでしょう。

第二の覚醒はマルクス主義の学習によってもたらされました。

マルクス主義はあなたに、あなたが資本主義の搾取構造の最底辺の犠牲者であり、あなたの犯行が本来はプロレタリアートとして自覚的に連帯すべき人々に対する「仲間殺し」であったことを教えました。資本主義の変革にこそ向かうべき憎悪を誤った対象に向けて暴発させたのはあなたが「無知」だったせいでした。いま、あなたは世界の「真理」を知ったのです。ならば、やってしまった者の真の悔悟は、たんに「涙」を流すことに留まってはならないはずです。消えない罪を額に刻印されたまま、それでも「仲間殺し」なき社会の実現に少しでも貢献することでなければならないはずです。

あなたは『無知の涙』の末尾に「終章」と題して大きな活字でこう記しました。

学問の卒業時点とは、敵となるか否かにかかわらず、マルクス経済学を理解することにある。

こうしてマルクス主義を武器とした法廷でのあなたの闘争が始まりました。国家社会の根幹たる法の支配する法廷で、その国家社会そのものを相手どった闘争です。あなたの主張をつづめて言えば、君たちに私を裁く資格があるか、という一言の糾問に尽きたでしょう。

同じ糾問は検察官や裁判官だけでなく、弁護人にも向けられ、あなたは頻繁に弁護人を解任しました。弁護人が酌むべき「情状」を縷々述べ立てる傍らで殊勝気に黙ってうなだれているなどという真似はできませんでした。そもそもあなたは「情状酌量」など一度も乞うたことはなかったのです。闘争にはあなたの「人間」としての誇りが賭けられていたからです。

あなたは『無知の涙』の「あとがき」に書いていました。「(この本は) 白痴（イジオト）同然の人間が——中学校に入ってまで寝小便をぶったれていた奴が——、時間と金さえ与えられたらどう変身するかを少なからず示唆したものである」(傍点圏点原文) と。しかも、「一九七〇年十二月二十日」の日付をもつこの「あとがき」に、あなたは「亜人　永山則夫」と署名していたのでした。「亜人」とは、やっと一人前の「人間」になりかけの、まだ十分に「人間」でない人間、という意味でしょう。

ああ、あなたは誇りを奪われおとしめられていた子どもの頃の屈辱をずっと忘れられなかったのですね。マルクス主義という知識の言葉は、何よりもその屈辱を振り払うための武器だったのですね。

永山さん、私の理解の仕方はあなたを矮小化するようで、とても不本意かもしれません。でも、私はこう思うのです。――マルクス主義という社会科学の概念や理論は、たしかに、あなたの鎧となり盾となり矛となり、社会と闘うための武器になりました。けれどもそれは、結局はあなたという存在を「外側」から規定する言葉にすぎません。鎧の「内側」のあなた自身の弱小な身体から発するやわらかい言葉は置き去りにされたままだったような気がするのです。

あなたが「内側」からの言葉で自分自身をつづり始めたのは、『木橋』に始まる一連の自伝小説でした。それは東京高裁が一審の死刑判決を破棄して無期懲役判決を出した（ただちに検察が異例の上告をした）そのあとから書き出したものでした。しかもあなたは、一連の小説をいわゆる「小説」としてではなく、「生きざまさらし運動」――市民一人一人が自分の「生きざま」を赤裸々にさらすことで、自分の無自覚な差別性を自覚し克服して真の連帯に向けて超え出ていこうとする運動――の自ら率先して行う実践として位置付けていました。とはいえ、やはりそれらは「内側」からの言葉だったのです。そこには、ひ弱で小心で傷つきやすくて「無知」な少年の心の襞々が手に取るように描かれていました。

「外側」からの言葉と「内側」からの言葉は、いつか統合されて豊かな表現として結実するはずでした。しかし、死刑の確定がその希望を断ち切りました。

永山さん、本書の原型となったガリ版刷りの冊子を私は所持しています。いっぱい付箋が貼られいっぱい傍線が引いてあります。法廷での供述調書をそのまま文字化した異例の冊子です。そもそも、三回の公判を費やして被告人が生い立ちから犯行から現在の思想まで存分に語るなどということ自体が異例だったのかもしれません。

今回読み返してみて、初読の時と同じ感想を持ちました。あなたにはやっぱり不本意な感想になるかもしれませんが、正直に書いておきます。

あなたはここでも、自ら希望して、闘争的な発言から始めています。「赦し」を乞い「情状」を乞う言葉ではありません。自己弁護というより、時に自己肯定、「誇大妄想」めいた（長期間にわたって外界から遮断されていたための一種の拘禁症の症状だと私は思っています）自己主張の、硬くて強い言葉の連続です。あなたのことを知らない今日の若い読者は、たとえあなたの主張にうなずく節々があったとしても、ついにはつまずきたじろぎ辟易して、本書を放り出してしまうかもしれないほどの「長広舌」であり「演説」です。

しかし、あなたをよく知る遠藤誠弁護人は、一回目はあなたに気が済むまで「演説」させておいて、二回目になると、おもむろに、あなたの生立ちに話題を移します。

その時から、あなたの応答が短くなります。「はい。」「はい。」を繰り返し、言葉づかいも心なしか幼くなって、やがて「うん」。「うん。」、さらには無言の「（うなずく）」「（うなずく）」がつづいたりするのです。もちろん私は法廷を傍聴していたわけではありません。でも、あなたがふてくされているのでないことはわかります。むしろあなたが法廷という「敵」に囲まれた場でこんなに素直に自分を語ったことはそれまでなかったでしょう。遠藤弁護人があなたの心を開いたのです。

そこで敢えて失礼な言い方をしますが、あなたはこの時、あきらかに「幼児化」し始めているように思うのです。あなたの鎧は外形の武装にすぎず、鎧の内側の心は無防備なままだったのではないか、と感じるのです。武装した外形のあなたと、いたましくも無防備な内心のあなたと、ここには二人のあなたがいて、あなたはまだ二人を一人格に統合できていないのではないか、と。

思わず長くなりました。失礼ご容赦ください。書いているうちに、あなたからの葉書のいつもの書き出しがよみがえってきました。本書を読んでくれる読者に対しても、あなたはやはり同じ挨拶を送るでしょう。私が代わりに書いておきます。

こんにちは！　その後お元気ですか！　がんばっておりますか。

法廷調書

凡例

1 本書は「永山裁判ニュース刊行会」が一九八七年九月十五日、「東京高等裁判所刑事第三部 昭和61年11月12日 第16回公判　昭和61年11月26日 第17回公判　昭和61年12月12日 第18回公判 永山則夫・被告人供述調書」という題名で、裁判所による公判の速記録を冊子として刊行したものを底本としている。

2 冊子の巻頭には以下のただし書きが付されている。

この「東京高裁〜供述調書」をパンフにしたきっかけは、永山則夫少年から反省＝共立運動が形成される過程の中で分からない事やマスコミ等で知らされていない事を皆に知ってもらいたいという提案の元に印刷されました。その内容は

・少年法改悪の為の権力犯罪
・網走の無番地の戸籍で、刑務所で生まれたと思ったことからの就職困難
・最高裁判所の誤りと、その判決は調書の意図的誤用をしていること
・学習の成果
・マスコミへの反論
・十九年間の歴史

この中で特に印象に残っているのは「ブルジョアジーはもちろん、搾取されているプロレタリアートはこれを廃止（革命）しない限り罪がある。だから日本の市民である以上は何ら落度がないとか、罪がないは、あたらない。」というところです。（小川清一郎）

前文〔注釈〕

永山則夫本人尋問は、他の法廷発言の調書と同様に、「――にあるわけ」、「――しているわけ」、等々の「――わけ」、「――があると」、「――来たと」、「――てると」、「――んだと」、等々の「――と」、「――なんですけれども」、「――いますけれども」、等々の「――けれども」の多くが慣例的に、本人が発言しなくても付け加えられていますが、これはこのままに記述しておきます。読者のみなさんは、読むときにはこれらについてないものと思って下さい。

3

冊子では裁判所によって誤記された陳述は（　）で括り、〔　〕内に訂正または補足を記入している。ここではそれを踏襲した上で、新たに加えた注記を［　］内に挿入した。また冊子にあった裁判所の速記者名は削除した。またあきらかな誤りや誤字は訂正した。

4

――は遠藤誠弁護人による質問を示す。

第十六回公判　昭和六十一年十一月十二日

――私があなたにお尋ねしたいのは、あなたが本件犯行を犯すに至った人間形成の歴史と、それについての社会の責任を裁判所にわかってもらうために、あなたの三十数年間の歴史を聞きたいのですが、それについてあなたは答えて下さいますか。

答えるけれども、その前に、最高裁の判決について尋問して（ほしいわけ。）〔下さい。〕

――それじゃ被告人の希望に従って、前回の最高裁判決の理由について、被告人が述べたいことから先にお尋ねします。

昭和五十八年七月八日、最高裁において無期懲役を取り消し差し戻すという第二小法廷の判決を初めて被告人が聞いた時、あなたはどう思いましたか。

それは、当時妻であった和美、ミミと言っているんだけど、ミミと、白取さん〔『木橋』を単行本化した立風書房の編集者〕夫妻、その三人が面会に来て、聞きました。

――聞いたとたんに、あなたはどう感じましたか。

それ、わかっていたからね、最初から。二つしかないと思ったと言うか、それしか判決のしようがないから、却下するか、無期そのままに維持するか、最高裁の法廷で弁論開くと言った時から、これはだめだという感じで弁護士が言っていたから、ああそうという感じで。

――そうすると、それほど驚かなかったということになりますか。

いや、房に帰って来て、看守に、若い看守だったけれども、今は移ったけれども、その人に何と言うか、本人喜んでいたんですよね。なぜかと言うと、今提出した「大論理学ノート」〔ヘーゲル『大論理学』を独自の解釈で読み替えて永山の哲学と科学を記したもの〕を書いていた。あと一、二年あったら、これ非常に有（利）〔益〕なものにできると言うから、下獄したら「大論理学ノート」とかが書けないと、だから助かったという、その助かったというのがぼくの第一言だったんですよね。

――助かったというのを、もう少しわかり易く言うと、どういうこと。

その「大論理学ノート」を（書いている）〔完成する〕と、本人もう人類が生存する限り、決して死なないという感じで、確信して書いているわけなんですよね。そのほうが人民のためにも役に立つと。そして、最高裁判決もあれ間違っているから、というのは、当時内閣官房長官であった後藤田正晴、法相であった秦野章、これら二人で差し戻した以上、必ず勝つというのが、その白取さんに面会時に言ったぼくの言葉なんですが、これは必ず勝つという感じで言ったわけなんですけれども、それはあとで順々に述べていきます。要するに権力犯罪のこともあって、こういうばかげた判決を戻すこと自体が間違っていると、そういうことから、今は主観的な形であるけれども、負ける気しない、勝つと、そして本人自身はもう死なないという感じで闘っているから、別にどうということはなかったわけなんです。それで、勉強がもっとできると、下獄したら、もうできなくなると、今ちょうどいいところなんだと、あと一、二年くれという感じの時だったから、助かったというのが本当の正直な感想で、本当にそうなって、結果が出てきているんですよね。

——無期懲役が確定をすれば、勉強できなくなるということですか。

そう、当時はね。

——当時は、そう思ったわけね。

はい。

――じゃあ具体的にお尋ねします。最高裁の判決文はもちろん全文読んでいますね。

読んでいます。

――あの理由が、まあ何点かにわたっておるんですが、差し戻し前の東京高裁第二審判決が有罪かつ無期懲役だったわけですが、それに対して、あなたのほうは上告してないですが、なぜ上告をしなかったんですか。

それは四つ理由がある。

第一番目は、あの船田判決〔船田三雄裁判長による高裁判決〕というのは、今の体制の中でもっとも進んだ、こういう事件に対しての判決であると思う。だから、その四人殺した被告人があれ以上の判決を求めることは今の体制では、できないということ、そしてこの無期になった時、控訴趣意書を書いていて弁護人を選任して、そして弁護人が交渉に行って、それで前の船田裁判長とかと会って話す中で、これは少年の事件だからということ、そして一過性のものであること、それで被害者にお金もやっていること、だからその情状だけでやってくれと、で、第一審のような権力犯罪だとか言ってああいうような闘争をやらないでくれ、という形で弁護人を通して言ってきて、そして鈴木弁護人は面会室で裁判闘争として情状だけでやってくれと、必ず無期になるからと、それで無期にならなかったら鈴木弁護人は弁護士をやめるからという形で言ったわけなんですよね。それと、もう一つは、これは永山裁判というのは非常に複雑になっていて、一審中弁護人抜き裁判になっていた時からもう国会とつながっていて、社会党の、今は落選したけれども、横山利秋さんという法務委員とつながっていて、たえず連絡をとっていたんですよね。それで弁護人抜き法案の時も、もし上程されたら、その永山裁判の静岡事件を言って国民の前に暴露するという形で対処していたんだけれども、弁護士会が取〔り消〕〔引〕して、それでうやむやになってしまった、そのあとの判決、そして無期になる法廷に行くんだけれども、その時も、向こうがそう言ってきている以上は、これは当時の横山議員の話なんだけれども、向こうがそう言ってきている以上は、それを受けたほうがいいと、そして永山の事件は少年法を上程すると必ず成立するから、今の国会の状況では、だからそれを出させない方向で永山の事件は使うと、だからそれを無期にする可能性がある以上はそっちを追ったほうがいいという形で、社会党の横山さんの了解をとって、そして情状だけでやるというふうになったんですよね。それもあったし、そして無期になって上告しなかった時も、刑期が一定期間過ぎてもう一度その権力犯罪のことを訴えても別に支障はないと弁護士が言うから、それでもう一度社会党の横山さんのところへ聞きに行って、それで早く下獄して早く出て来〔なさ〕いという形のことを言われて、上告しなかったということなんです。

そして第三点目は、当時、今よりマスコミとかで死刑廃止キャンペーンをやっていたわけなんですよね。中山千夏とか丸山アキコ［丸山友岐子］とか、テレビドラマ［テレビ番組?］にいっぱい出て、雑誌とかにいっぱい出て、それで死刑廃止の運動が盛り上がっていた、それで権力犯罪で減刑されるよりも、情状で減刑されたほうが、無期になったほうが、ほかの死刑事件に対して影響力が強いということで上告しなかった、それが第三の理由です。

それで第四番目は、もし、今こういう状況になったんだけれども、最高裁が、〔被告人が〕上告しない（でもう一度）〔のをいいことに〕破棄差し戻しやった場合、これはもう武力による死刑廃止の闘争の錦の御旗になるという考えがあったから、死刑廃止闘争においての（武力）〔爆弾〕闘争が起こっても仕方ないような状況が生まれるという感じで、その四点のために上告しなかったわけなんです。

――そして現に最高裁では破棄差し戻しになったわけね。

なった。

――従って被告人の考えからすれば、死刑を廃止させるためには、あとは武装蜂起しかないという錦の御旗が得られたことになるわけですね。

と同時にまだ可能性としては平和的に漸進的に永山の裁判によってもう一度無期が確定した場合、平和的な死刑廃止も望めるわけだからまだ二者択一の状況にあるわけ。一本ではない、できるんだったらもうこの事件で殺人とか犯さないようにするのが本当だと思う。だけれども、こっちだって生きてるからね。ぼくから見たら殺される理由がないという感じでやっているから、じゃあ闘いましょうという感じになっちゃうわけ。

――あなたは今、殺される理由がないと言いましたが、端的に言うと、なぜですか。

今回の最高裁の判決で、本人の今回の一〇八の事件〔警察は永山則夫の起こした事件を一〇八号事件として指定した〕は帳消しになってしまったと思っている。というのは、二十年の刑期分務めた判決文になってしまった。というのはデマ判決になっているわけね。命乞いする人を殺したということで、あれでみんな国民大衆は反発を感じて、永山を死刑にせいという感じになった。一審、二審でも、だれも言っていない、そういう感じのあれだから、怒りがまた戻ってしまったわけ。またあの一〇八号当時の永山則夫に返ってしまったわけ。「キケ人ヤ」という詩〔『無知の涙』所収の詩、後出〕の永山則夫に返ってしまったんだ。

――次は各論的にお尋ねします。最高裁判決理由の冒頭に、「本件は犯行時十九歳余の少年であった被告人が米軍基地内で拳銃を窃取し、これを使用して、東京及び京都では勤務中の警備員を射殺し、函館及び名古屋ではタクシー強盗を働いてタクシー運転手を射殺し、何ら落度のない四人の社会人の生命を、わずか一ヶ月足らずの間に次々と奪った」と、まず書いてあるのでありますが、これについて被告人はどう思いましたか。

何ら落度がないということは日本国民である以上はないと思う。あの当時の永山則夫としては、日本だけが問題だったんだ。そして人を殺したんではないんだよ。あの四人は一人の日本であったわけ。あの当時は一億人全部憎いと思っていた。だけど今はちゃんと理由がある。善良なる市民と言うけれども、善良なる市民とはどういうものなんだろうか。おれはただの市民のほうが立派に生きていけると思う。そしてここは資本主義社会であって、ブルジョアジーの支配している社会である。そういう中で、そのブルジョアジーが搾取することによって罪があるし、そしてプロレタリアート、搾取されている方はこれを廃止しない限りは罪があるわけ、革命やらない限り、プロレタリアートというのは罪があるんだよ。だからブルジョアジーも罪があるし、犯罪者でなくてもだよ、一般のプロレタリアートも罪があると。そういう中であの当時の永山則夫としては、日本を相手に闘ったんだよ。だから日本の市民である以上は何ら落度がないとか、罪がないという感じは、あたらないんだよ。

――事件当時あなたが日本中を相手にして闘った理由は、何ですか。

それは『木橋』という単行本がありますね、あれの後半のほうの「土堤」という小説の冒頭に、描写されていますけれども、犯行のあった夏、横浜の桜木町の前でアル中の人が大きな、どぶ川に飛び込んでそれで警官に助けてもらっていたのを目撃した、それ見て、密航とか何かをやっても、最終的にはああいうことにしかならないという感じに思って、そしてそれからずっと秋まで怒りが重複していったんだけれども、そういう中での犯罪であるんですよね。

――おまわりが、アル中者を。

アル中の人がどぶ川に落ちて、それをおまわりさんが引き上げようとしていたわけ。それで脇から見てる市民というのかな、今で言う、普通の人は笑っているんだ、何回も降りて飛び込むとかしててね。それ見てて、おやじがポケットに十円玉一個残して死んだこととか、それで自分も土方やっていたし、密航とかやっても、結局はああいうふうにしかならないんだと〔思うと〕、非常に絶望的な感情を持ったわけ。そういう形で暴れたというのが、ぼくの犯罪なんです。

――同時にそれを見て笑っていた、いわゆる市民に対しても、怒りがこみあげてきたわけですか。

そう、殺意と言うかね、殺してやりたいという感じを持って、この野郎と思った。

――更に最高裁判決理由の次のところです。「再び立ち戻った東京では、学校内に侵入して金品を物色中警備員に発見され逮捕を免れるため右警備員を狙撃したが命中せず、殺人の目的を遂げなかった」とありますが、事実はいかがですか。

事実は殺意は全くなし。あの犯行の事務所は「一橋スクール」〔「一橋スクール・オブ・ビジネス」〕と言うんですけれども、その受付の小窓から出たり入ったりしたんだけれども、あそこから二、三メートル前にガードマンが来て、いくらでも射殺できたんだけれども、犯人である本人はガラスの方に向けて撃っているわけ。で、ガラスというのはドアの方にあって右側にあるんですよね。それでガードマンの人は右頬にあたったと言うんだけれども、右頬にあたったというんだったら向こう〔左側を指す〕に飛んでいかなくちゃいけない。それで二、三メートルしか離れていないし、向こうの方〔左側を指す〕に飛んで行かなければいけないものを逆の方に行っているわけね。で、ガラスにあたらなかったけれども、ドアのノブの鉄みたいな、つけてる、あそこに二つとも命中しているわけ。だからそれは事実すぐ証明できると思う。

――つまりあなたは最後の事件では警備員を撃とうと思ってピストルを発射したのではないと、こういうことですか。

そう、それで警備員と思ってなくて、みんなわかっているから出て来いと言ったから、尾行されていて警官だと思っていたわけ。勤めていた時にイチという今消防署員である人が来てて、四人殺しの永さんとか言ってて、それ（で）〔に〕京都〔後は〕、兄貴にも言ってた。それで静岡事件でも指紋とか顔も見られているし、もう必ず逮捕されると思っていたからね。そして殺害というものは殺意の問題だと〔思うけど〕、警官が来て撃たなかった静岡事件、そして千葉事件はピストルをもう使ってないわけ。そして撃つ気がなかったというのは、その事件の事実を見たらわかる通り、それで原宿事件でもガラスに向けて撃ったけれども右頬にかすったというのは彼〔がいっているのは〕わかるんです、それは。拳銃をたたき落とされて、もう一度二発くらい詰め直して、もう一人警官みたいな人が後ろにいたからね。それで撃てという感じで、おれガラスに向けてガンと撃ったわけね。その時階段の方からそのガードマンの人がかかってくるような形で来て、その時発射音か擦過音を聞いたんだと思う。ピュッという感じで。だけどもその三発目撃った弾丸は左側にあった大きなガラスにあたらないで、それでそのままになっているけど、これ出てこないんだけれども、調べたらすぐわかることなんだ。そしてガードマンの人はそれで初めて本物だとわかったようでね、ボケッと立ってしまったわけ。それで逃げられたんですよね。楽々その扉を越えて。それまでは彼、三発目を撃つまでね、本物とはわかってなかったみたい。

——あなたはガラスに向かって撃ったわけですか。

そう。

――何のためにガラスに向かって撃ったんですか。

ピストル持ってるぞというのと、ガードマンは本当に警官みたいでしょう。で、腰に何か持っているし、笛持って何か吹いてるしね、外に出てもう一人の人を見た時も、パトカーだと思っていたわけね、来てたのが。それで撃てという感じで撃っているわけ、これは静岡の三菱銀行でもう実証ずみであるわけ。空撃ち二回やってね、警官が来ておれに撃てという感じで、実包は撃ってないわけね、静岡事件の場合。原宿の場合は威嚇で撃てという感じで撃ってて、それで逃げるような形になったんだけれども。

――あなたは、おどかすために撃ったということですか。

おどかすと言うよりも、ピストルを持っているということ、そしておれに向かって撃てという感じで、それで撃ってたわけ。

――つまりあなたはその時相手をおまわりと思っていた、そのおまわりに殺してもらいたかったわけですか。

そう。

――なぜですか。

名古屋事件の被害者の血を見て、あれ以降復讐したと思ってね、今度はおれの番だと思っていたわけ。それでそういう形で静岡事件でも実包を撃たなかったし、原宿事件でも射殺しなかったわけ。

――逆に、撃って殺してもらおうとしたんですか。

そう。

――生きているのがいやになったんですか。

と言うか、もう事件の前から、さっき言ったように、アル中の人とか見てね、結局はああいうふうにしかならないと思った時から、生きててもしょうがないと思うと同時に、あの夏以降、何かおやじとかのことを考えてね、怒りが非常にあったわけ。それでピストルをつかんだ。それで何かあったら撃とうという感じで、うろうろしていた時に、そのプリンスのガードマンに行きあたって、それで発射して逃げたという感じになったわけなんですよね。

――そうすると、この事件から言うと六番目の事件になるわけですが、これは絶対に殺人未遂ではないということですね。

そう。

――今あなたは静岡事件とおっしゃいましたが、これはわかり易く言うと、どういう事件ですか。

本人が尾行を感知して、来たら撃ち合いやっておれ、死ぬという感じで、それで自転車をまず盗んで、静岡高校ってあとで知るんですけれども、その周囲をぐるぐる、ぐるぐる回って、それでだれも来ない、そしてドレスメーカーに入って行って一（枚）〔万円〕ぐらいとって、そしてまだだれも来ない、と言うか、尾行されているのかどうか確かめる意味でも、あっちこっち行っていたりしたんだけれども、自転車に乗って、またその静岡高校に戻って、そこでいろいろ物色して、お金とったりして、それで学校の前にあるグリコの事務所に行って、そこで入っても、来ないと、それで上の方でがたがた起きて来るような感じだったからね、それで通帳と印鑑をとって、そういう形でそこを出て、それでも、まだだれも来ないという感じでね、事件を大きくしようという感じでカーテンに火をつけて、それで逃げて来て、すぐボヤだという感じの町内放送が流れて、ああ、やはり尾行していたかという感じで、それで朝まで待って、それで駅前の公園にいて、そこから完全におまわりさんと言うか、年老いた完全武装したおまわりさんの目の前でうろうろしていたんだけれども、その人と一緒に駅の方に行ったり、そして理髪店に入って散髪してもらったり、次は喫茶店に行って、そこでもおまわりさんがうろうろしてて、それで喫茶店に入って、次に静岡の三菱銀行に行って、それで行ってたらもう手配されていることが完全にわかってて、それで銀行員がいっぱいいる所でピストルを出しちゃまずいと思ってね、トイレに行かしてくれと言って、で、三階と言っているけど、ぼくは二階だと思う、その二階に行っていて、トイレで待っていたら係の人が、銀行の行員がね、後ろに二人完全武装した若いおまわりさんを連れて三人で来て、そこで逃げる形で二回空撃ちするんだけれども、それでピストル持っているから撃てという感じで撃鉄を起こしたりしてやっても撃たないと、撃たないからずっと走って行っているから表に逃げてしまってもだれも追って来ない。それで交番の方に走って行っても、交番のおまわりさんは銀行に行くし、銀行の方に戻ったらパトカーがサイレンを鳴らさないで目の前に来てツーと通り過ぎて行くと、そういう感じで逃げることになったんだけれども、そしてこれはずっとあとで知るんですけれどもね、第一審中の第二次弁護団の後藤昌次郎弁護団以降ということになるんですけれども、あの当時の、昭和四十三年十一月十七日の「静岡新聞」に、大きく一〇八号は必ず来ると、そして準特捜本部をおいて警備体制をとっていたことがわかるんですよね。だから一〇八号を完全にキャッチしていて、泳がせていて、そして何か大きな事件をやらせようとしたという感じの事件なんです。これはその当時全然知らなくってね、なぜ逃げられたのかさっぱりわからないと言うか、それもあって、その時ぼくはやられると思っていたわけね。警官も来たし、向こうが尾行していたのを知ってたし、それでも助かってね。そしてその前に名古屋で被害者の血を見てね、これで復讐したと思っていた。それでも撃つ気ないという感じでね。

──そうするとその静岡事件というのは、昭和四十三年十一月十七日のことですか。

いや、十八日から十九日にかけて［実際は十七日から十八日にかけて］。

──起訴状記載の事実からすると、五番目の名古屋事件と六番目の千駄ヶ谷の、いわゆる殺人未遂の間の事件ですか。

はい。

──で、これは起訴されていないんですね。

いない。殺人未遂と言うか、空撃ちだったけれども、いくらでも殺人未遂にできるのにしない。放火もやっていた。人が住んでいたのに、人が住んでないということで放火も立件されていない。

——あなたはその事件のことを逮捕後警察あるいは検察官に述べたんでしょうね。

いや、向こうはそういう感じで、お前『クワイ河マーチ』［この曲を主題曲とする映画『戦場にかける橋』をさす］知っているかと、知っていると。その映画を見たことあるかと、どこで見たという感じで聞いたり、それでお前眼鏡かけたことあるかとか、あれは新井精神鑑定の時、そういう千葉とか静岡の名前を出したりね、あるいはいろいろな工作はあったけれども、第一審中の、昭和四十八年五月四日の法廷でしたか、あれで言うまでは静岡事件のことは一切言ってなかったわけ。それでその、言わせるまでにいろいろ工作していた人がいたわけね。それで工作して、法廷で言ったら、今度そういうのは一切関係ないという形で後藤昌次郎はやめて行くわけ。そしてその間に石川精神鑑定があってね、その間にもみ消しされているという感じの工作がいっぱいあったわけ。

——そうすると第一審の法廷であなたが自白したのに、検事は別に追起訴はしなかったわけですね。

そう、しない。

——あなたがその静岡事件で逮捕されておれば、次の事件は起きなかったわけですか。

起きないと思う。もう警察につかまっている以上はピストルを取り上げられる（わ）〔し〕、あるいは殺されていたかもわかんない。

――静岡事件で警察はなぜ、あなたをつかまえなかったんですか。

これも第一審中の後藤昌次郎第二次弁護団がやめて、そして当時までいた高野雅夫とかね、千葉淑子とかそういう支援の人たちが去ってから、新しい人たちが支援するようになってから、国会に行ってその当時の新聞報道をとって来たり、週刊誌のコピーをとって来たり、そうした中で、ぼくが逮捕されたのは昭和四十四年四月七日ですね。そのあと少年法改悪のキャンペーンをやっているんです。そしてそれにぼくの事件が使われていたわけね。凶悪な犯行で少年事件ということで。そしてそのキャンペーンに使うためにその静岡においても、多分泳がしていたんだと思う。そしてぼくの感じとしてはその尾行があったのは、一応ぼくはまいたけれども、京都事件の、鈍行で帰って来たんだけれども、あの中で二人の刑事に会っているし、そして小田原あたりでまいて帰って来たんだけれども、その前に、京都事件ではジャックナイフを残して来て、指紋がついていて新聞報道ではその指紋があるという感じで報道している部分がある。だから、もうすでに警察はその前後から知っているものとばかり思っていたわけ。そういう感じであるから、その尾行されていても当然だという感じを当時持っていたわけ。

――いわゆる殺人事件としては東京のプリンスホテル事件が最初で、二番目が京都の八坂神社事件ですね。

はい。

――あなたの今のお話は、二番目の八坂神社の事件の時から自分が犯人だということを警察は知っていたはずだということですか。

うん、そのあたりから。その理由としては、ジャックナイフに指紋をつけて来た〔こ〕と、それで新聞報道でも、それがついていたという感じの報道をしているから。

――そうすると、それ以後の北海道事件、それから名古屋事件、千駄ヶ谷事件、すべてあなたの考えでは、警察によって泳がされたということになりますか。

完全にわかるのはその静岡事件なんですよ。だからさっき言ったように、完全にわかるから、国会においても、これは追及できるという形で横山さん言ってね、新聞報道にもああいうふうに載って、準特捜本部まで置いている。

――静岡事件の時にあなたは自首するつもりはなかったんですか。

もう事件前から死んでいいという形でいたからね。それで撃ちなさいという感じでね。もうおれの復讐終わったという感じで。それでいたから、向こうを撃って死にたいという感じを持っていたわけ。

――ピストルの撃ち合いの中で、殺してもらいたかったということですか。

そう。

――ところが警官はそうやってくれなかったと。

向こうもこわがっていたのかなぁ。

――もちろんあなたの姿を警官ははっきりと見ていたんでしょうね、静岡事件の時。

そう、三人で追って来たし。

――次に最高裁判決の次の部分ですが「第一審判決は、犯行の動機に同情すべき点がないこと、拳銃に実包を装填して携帯しており、計画性が認められること、犯行を多数回重ねており、個々の犯行の態様も、被害者の頭部、顔面等を至近距離から数回狙撃するもので残虐であること、働き盛りの四人の社会人の生命を奪った点で結果が極めて重大であること、各被害者の遺族らは精神的にも経済的にも深刻な打撃を受けたこと、本件は「連続射殺魔」事件として報道されて一般人を深刻な不安に陥れ社会的影響が極めて大きかったこと等の諸事情を考慮すると、本件は犯罪史上稀に見る凶悪事件と呼んでも過言ではなく」と、最高裁第二小法廷は書いておるのでございますが、これについてあなたはどう思いますか。

被害者については今は非常に悪く思っている。労働者階級の同じ仲間だったんだ。当時それがわからなかった。ガードマンが威圧的で警官と思っていたし、プリンスホテルの時、撃った時、それで夜警員も向こうがかかってきたから撃ったんであって、そしてタクシーの運ちゃんだけれども、おれからみたら、当時土方やっていて、二種免許持っているからね、何か金持ちのような感じがして仲間とは思えなかったんだ。それで乞食と売春婦以外は全部撃つという感じであの当時、それはっきりしだしたのは函館事件以降なんだけれども、考えていてそういう感じの中でのことであった。そして今はガードマンもタクシーの運ちゃんも、非常に重労働の労働者であったということを自覚している、そして何と言うか、そのために仲間を殺したということで今の自分があるんですよ。勉強したのは、どうして仲間を殺したのか、仲間を殺さないためにはどうしたらいいのかと、この一点しかやってないんだ、「大論理学ノート」とか、いっぱい書いてるよ。やっていることはたった一つしかない。今言ったこと（は）〔だ〕。そして「連続射殺魔」とか何とか言うんだけれどもね、これ、やめたほうがいいよ、本当に。と言うのは、向こう、人間と思ってないわけね。おれは人間だと思って、それでお前らこそ人間でないんだと思って撃ってたわけ。そして名古屋事件で流す血を見て初めて、ああ向こうも人間なんだという感じを持って、そこで初めてやめて、それで、じゃあ人間でない以上、徹底的に闘いましょうという感じになってしまう、ああいう「連続射殺魔」キャンペーンをやった場合。そして本当にキャンペーンなんだ。なぜああいうふうに大々的なキャンペーンやったんだろう。このヒントはすぐわかることなんだ。静岡事件で一〇八号の犯人をとり逃がしたでしょう。当時でもＮＨＫとかの地方のあれは一〇八号の犯人ではなかったかという感じで追及していたわけね。ところが静岡事件で逃がしてから、ピストルはおもちゃ、一〇八号事件の犯人でないと言って断定するわけね。あれ以降ぴたっとマスコミは沈黙してしまったんだ、一〇八号に対して。そして続いて起こったのが三週間後の三億円事件。この三億円事件が静岡で一〇八号をとり逃がしたために起こった事件だというのは、その静岡事件の二日後からオートバイが盗まれているわ、カローラが盗まれているわでね、二、三週間の間に調達されているわけ。実際使われたカローラとかシートとかですよ。そしてまだ犯人あがらないでしょう。そして今静岡事件というものは国会でも、あるいはこれから問題になるかもしれないけれども、非常に大きな事件であるわけね。国政にも関係している。ところがだれも責任とっていないんだ。ぼくが逮捕された二日後、昭和四十四年の四月九日、多摩の団地でカローラが見付かっているんですよね。三億円事件の。それで一方では「連続射殺魔」という凶悪少年という形でキャンペーンをやっている。一方は善玉として三億円事件の宣伝やっていて、非常に対〔象〕〔照〕的に報道されているわけ。そういう中でそのカローラを発見するのを遅らせたということで、近くにいた交番のおまわりさん、年老いた人なんだけれども、給料を減らされているわけね。署長の訓戒受けたり。ところが静岡事件の場合、一〇八号は必ず来るということをやっていて、準特捜本部をおいていて、で、警察の上部も部下の人も、だれも責任をとってないわけ。全然処罰されていないわけ。処罰されていないどころか、当時の責任者である後藤田正晴、これは警察庁次官であった。秦野章、これは警視庁の総監であった。直接の責任者である土田國保。そして今回一〇八号の北野警部という直接おれを取り調べた人は、後に天皇の園遊会で天皇と会うことになるんだけれども、この北野、あの当時は警部補であったけれども、〔この人の上司が〕今回の参議院で当選したでしょう。処罰受けるどころか、全部出世しているのね。〔不思議だよ、これ、なぜでしょう。〕〔おかしいとは思いませんか？〕

——それはなぜだと思いますか、あなたは。

これは一〇八号の犯人と静岡事件のあたりでは、犯人が永山則夫だということが確定的にわかっていたと。それで当時学園闘争があったんですよね。それであの当時は十八歳十九歳の学生がいっぱいつかまったんだけど全部鑑別所とかに送ってね、処断されない状況があったわけなんですよね。それにこれを利用しようと思ったんじゃないかな、当時から。それで泳がせていたと、それがわかるために、だれも追及できないと。

——少年法を改悪させる手段にあなたを使ったと、こういう意味ですか。

だと思う。

——今の判決に括弧つきで書いてあるんですが「連続射殺魔」事件云々ということと関係があることかと思われるんでちょっとお尋ねしますが、あなたは逮捕された数ヶ月後、昭和四十四年七月二十九日に「キケ人ヤ」と題する詩を作っていますね。

はい。

——これは東京拘置所時代ですか。

はい、巣鴨プリズンと俗称されていた当時の（投稿）〔東拘〕です。

――ちょっと記憶喚起のため読んでみますが、「キケ人ヤ／世ノ裏路ヲ歩クモノノ悲哀ナ／タワゴトヲ／キケ人ヤ／貧シキ者トソノ子ラノ指先ノ／冷タキ血ヲ／キケ人ヤ／愛ノ心ハ金デナイコトヲ／心ノ弱者ノウッタエル叫ビヲ／キケ人ヤ世ノハグレ人ノパンヘノ／セツナイハイアガリヲ／キケ人ヤ／日影者ノアセト涙ヲ／ソノ力と勇気ヲ／キケ人ヤ／武器ナキ者ガ／武器ヲ得タ時ノ／命ト引キカエノ抵抗ヲ／キケ人ヤ／貧民ノ真ノ願イノ／ヒト言ノ恐シサヲ／キケ人ヤ昭和元禄ニ酔ウガヨイ／忘レタ時ニ再ビモエル／貧シキ若者ノ怒リヲバ」という詩をあなたは作りましたね。

はい。

――逮捕後三ヶ月ごろですか。

だと思います。

――この当時のあなたの心境は、この通りこの詩に出ているわけですか。

そうです。なぜそういうふうに〈送〉〈作〉ったのかと言うと、さっきも言ったように『木橋』の「土堤」を読んでくれたらわかると思います。あれがそのピストルを持つ前のどうしようもない自分であったんですよね。そして怒りだけがずんずん積もっていったというような感じでピストルが手に入った。で、ピストルさえ撃てたらだれでもいいという感じであの当時いたわけ。

——もちろん現在のあなたの考えは多少は違っていますね。

それは全然階級意識（には）〔が〕ない時の、『資本論』はもちろん、『共産党宣言』も読んでないころのぼくだったわけなんですよ。だけども、本当の理論とか（）〔いう〕もの以前の、本当に貧しい者の魂みたいなものがそれに出ていると思うんです。そしてその詩だけが山谷の人にも愛されているし、貧しい日本の国民たちにも支持されている詩なんですよね。で、ぼくも気に入っているし、そして機関誌出しているんですけれどもね、「反省（・）〔＝〕共立運動」〔永山の支援運動〕というところ〔の〕、〔機関誌の〕その題にもなっているんですよね。

——次、最高裁判決の理由によると、「右の諸事情に被告人に何ら改悛の情の認められない状況を総合すれば、被告人の成育環境、成育歴等に同情すべき点があること、被告人が犯行当時少年であったこと等被告人に有利な一切の事情を参酌しても、なお死刑の選択はやむを得ない旨判示して（第一審判決は）被告人を死刑に処した。」と、こう最高裁判決は述べているんですが、このことについて、あなたはどう思いますか。

いろいろあるけれども、端的に言うと、その最高裁判決は間違っていると思う。そして、さっき言ったように、仲間を殺したから今非常に改悛して学問して、そして仲間を殺さないためにはどうしたらいいのか考えているわけなんですよね。そしてそういう中で犯罪学を史上初めて科学にしたと言っている。そういう状況も生まれてきている。そういう人間に対して、そういう判示というのはよくないと思う。

――そうすると、昭和四十三年に四人の人を殺したことについては、現在では間違ったことをしたと思っているわけですか。

仲間を殺したと思っている。労働者を殺したんだ。同じ階級の人を殺したということ、この後悔があるから、腹切ってまで今三分の一しか胃がないんだけれども、腹切ってまで勉強しているわけ。どうしたら仲間を殺さなくていいのかと、なぜ仲間を殺したのかというところで今言ったような犯罪学を科学にしたという学問研究もあるわけなんです。

――腹切ったって、どういうことですか。

要するに一九七七年十一月二十五日かな、東京拘置所の手術室で十二指腸潰瘍のために胃を手術して三分の二切除したんですよね。そしてその時ちょうど弁護人抜き裁判というものがキャンペーンされていて、永山裁判の本人がその指名第一号に指定されたんですよね。そういうわけで今は胃が三分の一しかないと言っているわけです。要するに十二指腸潰瘍で手術し、胃を三分の二切って今三分の一しかないと、それはいろいろあるでしょうけれども、要するに思いあたるのは、ちょうど「宗教と母と」というものを、これは創価学会批判の論文なんだけれども、それを書いていて、あの当時封筒一通に便箋七枚しか出せなかったわけ。だから便箋の一行の中に小さな文字で二行書いていたわけ。それで本人は朝方だと思っているんだけれども看守の人に聞いたら二時三時に書いているんだって。そしてちょうどボンガー『犯罪と経済状態』の著者」の翻訳も合わさって、そういうストレスの中でそういう病気になったんだと思う。

——更に最高裁判決の真中へんを見ますとこういうことが書いてあります。「特に名古屋事件の被害者伊藤正昭に対しては、「待って、待って」と命乞いするのをきき入れず殺害したもので執拗かつ冷酷極まりない。」と書いてあるんですが、事実はどうなんですか。

その最高裁判決は完全に事実誤認である。そして、それは、なぜそういうふうになったのかというと、ぼくは警視庁につかまえられてて、二人の刑事にしかあまり話さなかったんだ。その一人は一毛という人と竹井という人によく話しててその人だけにしか言わなかったんだけれども、名古屋事件の被害者何か言ったろうと、それで最後に言ったことを言ってくれという感じで、その時、「待て、この野郎」と二回言ってかかってきたというふうに言ったわけ。それでその二人に言ったものが今度調書に書く時に、名古屋の県警の矢野という人が来て、それでそういうふうになっていったんだと思う。だけど嘘であることはすぐわかる。その矢野という人は、永山則夫というのは、非常に東北弁の訛が強くて何言ってんだか分からないと、第一審中の法廷で証言してるんですよね。ところが今言ってわかるように本人、訛ないんだ、訛ないために津軽でも、一番先に就職した渋谷の西村でも逆に差別されてしまったわけ。それで矢野という警部だか警部補は、訛が非常に強くて、何言ってるか分わからないという感じで、そうやって聞きとったというんだけれども、その言ったとおり、「待て、この野郎」と二度言ったと、それしか言ってないわけね。そういうふうにしてその調書では、「この野郎」というのが棒線引かれて消されてるわけ。そしてなぜ今回、最高裁判決でそれが引用されたのかということで、深く考えてみたんですよ。こちらの加藤圭一検事ですよね。静岡事件の指紋調書紛失してるんですけれども、その当時いた検事なんだけれども、そこからその蓑原〔一審の裁判長〕の第一審法廷に移ってきた人なんですよ。あの当時、知ってました？　そういう事実というか、「待て　この野郎」という感じの。（言いなさいよ。）〔言っていいですよ。〕

裁判長　被告人が質問することはできない。

――あなたの記憶を述べて下さい。

こういう鬼検事でもあの当時、気付かなかったわけね、蓑原も気付かない、二審の、前の高裁の人達も気付かない。で、本人としては、馬渡弁護人と石川精神鑑定医に、「待てこの野郎」と言ったと、詳しく述べてるわけなんです。それでかかってきたから四発も撃ったと、そしてあの当時、もう一つ重要なのは、函館事件の被害者が、新聞に出てこないわけ。だからまだ生きてると思ってた。で、あとから考えると、その四発撃ったというのは、やはり二発射っても死なないという感じも記憶の底にあって、そういう感じで連続的に射ったのかもしれない。それと同時に誰も気付かない中で最高裁に行って、ぽんとそれが出てきたわけね。それでなぜ出てきたんだろうと考えた場合、これ、現場の調書読んでなければわからないようなところから、この引用してるわけけね、で、その本人の高裁の控訴趣意書は、千三百何丁になるんだけれども、（そこでああこれはこういうふうだと、）その調書ね。そこで高裁に行って、本人は高裁に行って、その控訴趣意書を書いてる時、初めてあの調書を見たんですよ。見た時、ああ、これ間違ってるという感じで、素直に直してるわけね。本人としては、その前馬渡弁護人と石川精神鑑定医に言って、それで済んだと思ってて、事実そのまま言ってて、そして調書初めてみて、控訴趣意書を書く時。それですぐ直してるわけね。その直してるところを見ないで最高裁はそういうふうに、意識的にそういうふうな引用したわけね。誰か密告したとしか思えないような感じなんだ。そこだけぽんと浮かび上がるような感じでやってる。それは書いた調書を知ってるか、その書いた本人がこういうふうに利用できるんじゃないかと、陰で上申するとか言ったとしか思えないわけね。そしてそういう人物が丁度あの時いたんだ、秦野法相、この人が警視総監であった頃、本人がつかまって、あの人のもとで調書とか書いてるわけね。それで、一応大事件だから見てると思う。あるいは報告聞いてると思う。そういう感じで浮かび上ってきたんじゃないかと思うわけ。

——そうすると事実としては、名古屋の伊藤正昭さんはあなたに対して、「待って、待って」という命乞いなどはなかったということですね。

そう。ぼくのほうとしてはかかってきたから、四発も撃ったという感じに思ってたわけ。

——伊藤さんがあなたにかかってきたんですか。

「待て、この野郎」と、だからピストルの弾が入って行ったあれを見たら分かると思う、というか、こっち見てて、そこでは向こうが見ててね、それで前の三発撃ってて〔?〕そういう感じで血が流れていたからそれですぐ逃げてしまったわけね、一旦。おっかなくなってしまって、おれのほうも。それで被害者のほうとしては、前の方に倒れてきたのか、かかってきたのかよくわからないけど、こっちはおっかなくなってしまってるから、それでその恐怖感もあってね、かかってきたと思ったのかもわからない。とにかく、手前に向かって倒れてきたわけ。で、もうそれ以降は全然向こうも何も言わない、こちらも何もしないという感じで、すぐ逃げたんだけれども。

——いずれにしろ、この点は最高裁の事実誤認だということですね。

そう。事実誤認というよりも、国民大衆が、あれで新聞なんかに、永山はああいうふうな殺し方した以上は殺してしまえという感じで、言ってみればデマゴギーになってると思う。ぼくがさっき言ったように、最高裁の判決は、二十年の減刑に値すると言ったのも、そういうところからなんだよ。事実だったら、素直に謝まる。事実でもない、一審、二審でも全然問題にしてない、本人も既に控訴趣意書で直してる、そういう状況で本人がこう言ってるけれども、実際これこれだからこうではないかとか、そういう感じで言ったらわかるけれども、ただ、命乞いしたのに殺したとかを、悪意にとって、そういうふうにデマ流し、してるから、減刑理由になるという感じで、二十年の刑分のデマゴギー流したと思ってる、そういう感じでとらえてるわけ。

——いずれにしろ、これは事実ではないと。

はい。

——最高裁が言ってることは事実ではない、こういうことですか。

そう。

――更に、そのちょっとあとに最高裁はこう言ってるんですが「確かに、被告人が幼少時から母の手一つで兄弟多数と共に赤貧洗うがごとき窮乏状態の下で育てられ、肉親の愛情に飢えながら成長したことは誠に同情すべきであって、このような環境的負因が被告人の精神の健全な成長を阻害した面があることは推認できないではない。原判決が本件犯行を精神的に未熟な実質的には十八歳未満相当の少年の犯した一過性の犯行とみて少年法五十一条の精神を及ぼすべきであると判示しているのは、右の環境的負因による影響を重視したのであろう。しかしながら、被告人同様の環境的負因を負う他の兄弟らが必ずしも被告人のような軌跡をたどることなく、立派に成人していることを考え併せると、環境的負因を特に重視することには疑問がある」と言っておるのですが、あなたはどう思いますか。

これについては、前の弁護団達が既に反証してることであるけれども、本人が言いたいことは、これは客観的事実として言うんだけれども、兄弟八人いるけれども、姪入れて九人ですが、その中で育ったけれども、本人は小学校三百五十日以上近く休んでるわけね。そして中学校は、学校がごまかしてるから、何日休んでるかわからないけれども、一応五百日前後休んでるわけ。五百日休むということは卒業できないんですよ。兄弟の中にそういう人はいないわけ。妹と姪は別だけれども、おれから上は全部秀才というのかな、学業というものが、学年で十番以内とか、セツ姉さんは精神病で狂ったけれども、あれは首席なんですね、高等女学校で。これは逮捕されて初めて聞いたけれども、秀才ばかり育ってる。そして、まず学業においても違うし、経済面においても保兄貴が法廷で言ってるように、うちの兄弟も、おれ以下と、そして保、忠雄、明子、久江、このグループと一番上の長女、長男とは全然違ってるわけ。高校出たり、卒業したり行かせてもらったり。あとはほとんど中卒、あるいは夜間の高校行ったりと、そしておれ以下、ほとんど劣等生という感じの形で、そして弁護人も言ってるように、長男は刑務所に入ってるし、長女は狂ってるし、洋子も売春婦みたいな形でどこにいるかわからない。順子も頭がおかしいとかどうのこうのと言われて、で、唯一というか、真面目なのは、保だけなんだ。ところが、その保というのが六法出版社に勤めて、〔本を官庁に納入して〕その人達にかわいがられてるような感じで会社勤めしてるわけね。今は移ったみたいだけれども。そしてその兄弟の中でも網走番外地という生まれは、久江と明子とおれしかいないんだよ。それで『網走番外地』〔一九六五年公開の高倉健主演の映画。シリーズ化され一九七二年までに十八本が製作された。同名の主題曲もヒットした〕がはやってた頃、上の姉二人はもう結婚して、戸籍とかが全然関係ない状態にいて、本人だけが網走番外地というものを、差別受けることになったわけ。そして、頬に傷があるでしょう。おふくろに聞くところによると、北海道で、三、四歳頃、何か久江と遊んでて、ストーブでつけた傷らしいんだ。そういうことで、この頬の傷さして、やくざだろうとか言われたり、それで網走番外地のことがあるから戸籍を提出してくれとか保証人とかの問題があると、給料もらわないで、辞めていくとか、それは大阪の米屋以降続くんだけれども、二、三年の間ね。そういう感じで差別受けた。この点は兄弟の中でというか、日本全国でおれしかいないんだ。学業のほうにおいても一人前の能力持っていながら、小学校三百五十日、中学校五百日以上、休んだ人間、日本でいるだろうか。いるかもしれないけれども、要するに頭がおかしいとか何かで、それで病院に入ってたりしてる人と思う。普通のというか、能力持っていながら、これだけ休んで普通に卒業して、そういう感じの人間いるだろうか。そういう状況で、違うし、そして最高裁のその判決は科学的に間違ってる。というか、アメリカ人であるヒーリーの『少年非行』〔非行論の古典。邦訳は一九五六年に刊行〕、日本でも出てるけれどもあれ読むと、ほとんど非科学的な文句の連なりであるわけね。最高裁の判事〈判示?〉は。今までの近代の少年非行とか　あるいは犯罪学の研究に対する冒瀆以外の何物でもないよ。その最高裁の判事〈判示?〉は。

――そこであなたが小学校時代三百五十日以上、中学時代五百日位休まざるをえなかったのはなぜですか。

それは、小学校二年の頃と思う。忠雄兄貴にとめられていたのに、秋の学芸会見に行って、それで講堂のうしろから、窓から見てたんだけれども、それが、中に父兄がいて、その人達に見つかって、それで町の噂になって、それを忠雄兄貴が聞きつけてきて、それからものすごい、一週間位リンチされて、そして、セツ姉さんの所に会いに行こうと思って、網走に家出したんですよ。北海道の森という所までしか行かなかったけれども、それ以降、帰ってくると、その目茶苦茶な暴力、忠雄のね。そしてこき使うという感じ、それで家出、そのくり返しなんだ。それでそのこき使われた中で、この指（左の人さし指）が短いんですよ。夕方になたで翌日のまき割ってて、それで切ったんだけれども、それでこっち（右手小指）も曲がってるんだけれども、これはおふくろの魚売る台を洗ってて傷つけて、それで家出する中で帰りにおばあちゃん、トタン屋のおばあちゃんと言ってたんだけれども、おれのおふくろの母親です、その人に見つけられて、これも同じ所で手術してこうなってるんだけども、こういうリンチとこき使われるのと、そして家出、その中でどんどんどんどん休んでいったわけね。

——そのまき割りで指切ったとか、魚を切る台で指切ったというのは、あなたが何年生の頃ですか。

小学校二、三年頃。

——その頃あなたは北海道の網走番外地という所に住んでいたんですか。

いや、青森県坂柳町です。そこからリンチ受けたあと、行く所がなくて、セツ姉さんの所に会いに行こうと思って家出したわけなんです。

――小学二、三年頃、あなたのお母さんは、坂柳町にいましたね。

はい。

――あなた方と一緒に住んでいましたね。

はい。住んでました。

――それでもあなたは、小学二、三年で、まき割りとか魚の料理などをせざるをえなかったわけですか。

魚の料理は、その時やってないけど、それはおふくろがリヤカーで魚の行商やってたわけね。そのリヤカーに敷く台があるわけです。はしごみたいな。それを洗うのがおれの仕事で、夜ね。その洗ってる中で、板のとげみたいなものに突き刺さって、そして化膿してそれで手術したんです。

――それからあなたが学芸会を見てたら、お兄さんにリンチを受けたと言いましたが、お兄さんというのは、忠雄さんと言いましたか。

そう。

——それもあなたが小学二年頃の話ですか。

そう。彼にそういうリンチをやられたわけです。

——忠雄というのは、あなたよりいくつ位上ですか。

五、六歳、上なんじゃないかな。

——あなたが小学校の学芸会を見てると、なぜ忠雄はあなたをリンチするんですか。

保兄貴とかも、全部きたないなりをしてるから、行くなと言ってた感じで行くのを禁止したわけね。だけども当時、全然わからなくて、きたないなりとかね、永山則夫という少年は。それで見に行ったわけね。それで受けたわけです。

——当時あなた方は非常な貧乏してたわけですね。

はい。

——お母さんしかいなかったわけですね、お父さんはいませんね、当時。

ええ。全然知らない。

——お母さんは魚の行商をやってたんですか、その頃。

はい。

——じゃあ食うや食わずですか。

食ってたけれどもほかより貧しいというのか。

——着るものもボロボロだったわけですか。

そうです。

――それをあなたのお兄さんの忠雄さんが恥と思ったんですか。

だと思います。今はそう思います。それで行くなと言ったんだと思います。

――それと、先程、網走番外地と言いましたが、あなたの本籍が網走番外地となってるわけですか。

そうです。

――正確に言うとどういう住所ですか。

北海道網走市呼人村番外地になってるわけです。

――呼人村を省略すると網走番外地になるわけですか。

そう。

――そういうふうに自分の戸籍がなってるということを、あなたが最初に知ったのはいつですか。

十六歳か十七歳になる頃だと思う。大阪の守口という所の米屋にいて、それで戸籍出してくれという感じで、そして、役場からおふくろを通じて取り寄せたら、そういうふうになってたわけね、それで当時丁度高倉健の『網走番外地』が歌ではやってて、それでシリーズでも『番外地』の映画の看板が、でかでかと、必ず出てくるわけ。それで本当にびっくりしてしまったんだ。それで、これ番地つけてくれと、おふくろを通じて交渉したんだけれども、こういう無番地とかは、日本全国どこでもあると、板柳でも、川と川の間にある砂州、そういう所に立ってる家は無番地なんだと、だから別にどうということはないと言って、ほとんど全然相手にしてくれないわけね。

――あなたがその十六、七歳の時、本籍、網走番外地とわかってびっくりしたのはなぜですか。

だから今言ったように、『網走番外地』というものがはやってて、それで北海道市網走〔網走市?〕番外地となってるわけね。これ、刑務所という感じで通ってたから、おれは刑務所で生まれたかと思ったわけね。

――本当にそう思ったんですか。

はい。当時網走刑務所が、女囚が入れられない所とか全然わからなくて、映画から、あれは刑務所の映画だという感じで知ってて、それで番外地となってるから、これは、刑務所で生まれたんだと思ったわけね。

――あとでわかったところによると、あなたの番外地は、刑務所の所ではなくて、全然別の場所の番外地だったわけですね。

はい。

――呼人というのは、網走湖の南の端っこにある部落ですね。

地図で見るとそうなります。

――それから網走刑務所は、全然別の個所ですね。

そう。

――そういうことはあとで分かったわけですか。

はい。つかまってから。

――それまであなたは、てっきり網走の刑務所で生まれたと思ってたわけですか。

思ってた。本当、思ってた。

――じゃ、あなたのお母さんが女囚として網走刑務所にいたときに、自分がオギャーと生まれたと思ってたわけ。

というか、網走にいた記憶があるのね。そしてなぜ移ったのか、おふくろは一切教えないわけ。聞こうとしたら、親父が死んで、中学一年以降聞こうとするんだけれども、聞くと親父の悪口ばかり言うわけね。それでおふくろきらいになってしまったんだけれども、そういう感じの印象があったから、てっきりそうだと思ってしまったわけね。

――自分は刑務所で生まれたという思いも重なって、本件のような事件に至ったわけですか。

それも一つの理由になってますか。

理由になると思います。というのは、米屋以降、次に池袋の「エデン」という喫茶店に勤めるんだけれど十七歳だったんだけれども、十八歳以上でないと、だめだという所に勤めて、勤めさせてくれたけれども、その保証人とか戸籍を提出してくれと言われたわけね。それで、あっという感じでおっかなくなってしまって、またああいう差別受けると思って、給料もらわないで、逃げちゃったわけ。それで東京エアターミナルという、羽田のレストランやってる所に行くんだけれども、そこでも、最初よかったんだけれども、この頬の傷とかという感じで差別されて、保証人とか戸籍取り寄せてくれと、二、三ヶ月たってというところで、またという感じで逃げると、そこもまた給料もらわないで逃げ出すんだけれども、そういう感じでどんどんどんどん下のほうに行って、それ以降真面目にというか、そういう戸籍とか提出して勤めるということをしてないんですよね。

――おっかなくて戸籍を出せなかったわけですか。

ええ。また大阪（でも）〔のような〕差別がいやだったから。

――大阪の米屋には、網走番外地の戸籍謄本を出したんですか。

いや、一応出せというから、おふくろから取寄せてもらって、その部屋はマンションみたいになってて、三階の一室が自分の部屋で、寝泊りしてたんです。その机の中に入れておいたんだけれども、奥の方にね。奥さんという人が掃除しに来て、何か見たらしい。それから同僚であるセイちゃんとかそういう人達に差別され出して、それで逃げ出すように辞めたんだけれども。

——雇主の奥さんもてっきりあなたが刑務所で生まれたものと思ったわけですか。

いや、それは分からない。だけどもセイちゃんはお前刑務所で生まれたんだ〔って〕と言うわけね。丁度『網走番外地』はやってて、彼はあまり上手でないのにギター持って来て、『網走番外地』の「春に……」なんてやるわけね。

——あなたの前で。

うん。

——いやがらせだね。

と思う。

——それで居たたまれなくなったわけですか。

そう。

——その時、あなたは十六か七位ね。

そう。

——だけども今は、刑務所生まれじゃないということは分かってるね。

分かってる。それを活用できるしね、今。小説に書いてるし。

——それ、発表したんですか。

まだ。これから。「捨て子ごっこ」という題でずっと書いてるんですけれども。これはチャンスがあったらまた「文藝」という雑誌に発表になるかもわからない。

――次に最高裁判決の最後のほうですが、「そうすると、第一審の死刑判決を破棄して被告人を無期懲役に処した原判決は、量刑の前提となる事実の個別的な認定及びその総合的な評価を誤り、甚だしく刑の量定を誤ったものであって、これを破棄しなければ著しく正義に反するものと認めざるをえない」といって、破棄差戻しと、こう書いてあるんですが、これについてあなたはどう考えますか。

それは間違ってると、第一に、永山則夫を今の状況で殺すことは全人類に対する犯罪であると思う。そしてその理由は、これから本人の研究活動とか、個別な質問に答えて行く中で、わかっていくと思うけれども、まず最高裁は、上告理由にあたる刑事訴訟法四百五条でしたか、それの理由にあたらないと、それによって上告したんだけれども、その理由はないと、だけども職権で調べると、要するに破棄理由になる。刑事訴訟法四百十四条でしたか、それの正義に反するということで差し戻しになったんですけれども、要するにこの差戻し裁判、永山則夫に対する差戻し裁判は、永山則夫を死刑にしなければ社会正義に反すると、正義に反するというただその一点だけで差し戻したわけなんですよね。ところが、本人は、永山則夫を今の状況で殺すことは、全人類に対する犯罪であると言ってるわけ。なぜそうなるのか、まずヘーゲル以降論理学を今提出した状況で、体系的に、科学的に研究して発表してるというか、まだ本人は社会的に発表してないけれども、一応、裁判所に提出するまでに発表してると、だからこれから、どんどんどんどんそういう状況で発表されていくものと思う。そういう中で死刑にすることは人類に対する犯罪であると思う。なぜ論理学が全人類にとって必要なのか、それはおいおい説明していくと思うけれども、まずその論理学を初めて、唯物論の立場から科学した人間である永山則夫を殺すことは、全人類に対する犯罪であるということ。そしてもう一つ、既に裁判所に提出している、「資本論ノート」というものがありますね。それを読んでくれたらわかるように、そのノートは岩波文庫の向坂逸郎訳の第一分冊全文を引き写して、脇の欄外注記として批評してるノートなんですけれども、それを見たら分かるように、『資本論』を科学的に、唯物論の弁証法の立場に立って、ああいうふうに批判的に研究した人は永山則夫本人だけであるわけなんです。そしてこういう人間を殺すこと自体が全人類に対する犯罪であると、そして本人は、これから五十年から百年以〔降〕〔内に〕、七十七人以上のマルクス級の学者を作ってみせましょうと言ってる。その端緒の証明になるのが、さっき提出した『〔ソオ連の旅芸人〕パロール・パロディスト氏〔の一日〕』という小説になってる。本文は、「無罪論」というノートなんだけれども、それはその『資本論』の第一章、二章をパロディ化して、そしてその科学法則を全部引き写すというか、創造的に発展させて、唯物弁証法の立場から、犯罪学を史上初めて科学にした著作であるんだけれどもそういう著作を書く永山則夫を殺すことは、全人類に対する犯罪であると、そしてこれ、学術的なことは、もっといろいろな面で伸びていくということは、さっき提出した『ソオ連の旅芸人』云々というその本の後半部分を読んでくれたらわかると思うけれども、そういう人類全体にとって役に立つ人間を殺すことは、全人類に対する犯罪であるということ。若しそうではなくて、最高裁の言うように本人を殺すことが、社会正義であると言うんだったら、この法廷でも、日本全体の裁判所でも、それではなぜ、全人類に対する犯罪が社会正義であるかということを証明しなければならなくなると思う。若し、永山を殺すことが、社会正義であると言うんだったら、全世界に向かって、全人類に対する犯罪が、なぜ正義になるのか、日本の裁判所は証明しなければならなくなるだろうと思う。そして今後永山裁判というものは、永山則夫個人から超えて、ある意味では世界のものになってると思うし、これからますますなっていくと思う。その理由は、永山裁判というのは、世界に誇れる死刑廃止の裁判なんだ。なぜかというと本人殺した場合、一番ショック受けるのが本人が殺した被害者なんだよ。同じ労働者であったこと、その労働者を殺したという意味で、また本人をというか、労働者階級の永山則夫を殺す、また仲間殺しをやる、そうするとますます死んでいった人達、全部労働者階級の人なんだよ。ガードマン、タクシー運転手、労働者だったんだ。労働者である被害者をこれ以上みじめにするなと言いたい。そして第二に、さっき言った権力犯罪が若し国会で取り上げられた場合、マスコミや検事の言うことを聞いてきた被害者の遺族達、これが一番ショックを受けるんだ。そして国民から指弾されるんだ。あいつらのために永山則夫を殺したと。そして刑罰というものは、社会不安を増すためにあるんじゃなくて、社会不安を鎮めるため、治安を守るためにあるわけなんでしょう。さっき言ったように、永山則夫を殺した場合、間違いなく武力による死刑廃止闘争が起こるかもわからない。刑罰の意味がなくなってしまうわけ。そして本人殺した場合、本人の名誉にしかならないんだよ。殺しても死なないわけ。さっき言ったように、学術的な面で、人類がある限り生きていくでしょう。これからもますますそういう本人が発見した中の、本当に原理的なものしか残っていかないかもわからない。だけども、さっき言ったように、史上初めていろいろなものを科学にしたという面は、その筋のものはわかってるはずなんだ。そしてわかっていくはずなんだ。そういう中で死刑にすることは、本人の名誉にしかならないんだ。そしてかえって、その名誉であることによって生きていくわけね。ソクラテス、間違って殺された。理神論訴えてギリシャのアテネの民衆に殺されたけれども、今、彼を殺した裁判官の名前知ってますか。ほとんど誰も知らないと思う。殺されたソクラテスだけが生き延びてる。ああいうふうに生きていくそういう人間を死刑にしても何もならないんだ。そしてこの永山裁判を世界に誇れる死刑廃止の裁判にするか、世界で最も恥ずかしい裁判にするかは、裁判官個々人の責任にかかってることなんですよ。あるいは本人の言ってること全部否定して、最高裁の「待って」というデマ判決のほうが正しいと、本人の言ってることは、前の弁護士の言ってるように頭がおかしくて全然事実に合ってないということを主張して、全然価値ないものだということで処刑して、世界で最もみじめな恥ずかしい裁判にするのかどうか、この法廷にかかってると思う。

——次のことをお尋ねします。あなたは「大論理学ノート」あるいは、いろいろな訳文、その他の著作あるいは著述等書いて、次々と当法廷に提出をしておりますが、そうしたこの「大論理学ノート」その他の著作、著述はなぜやっているのですか。どうして書いているのですか。

さっき言ったように、とらわれて、それでまだ怒り持ってたけれども、何というか、いろいろ知っていく過程において、これは違うと、それで自分の無知ということを気付いて　それを勉強しだした。そしてマルクスに出会った。『資本論』に出会って、『資本論』、最初何かというのは全然分からなかった。今は世界一の『資本論』の学者なんだけれども、本人としてはね、自称。そういうふうに認められていくでしょう。ところで全然分わからない、わかってたのは労働者という言葉、辞典で、その前労働者階級とかプロレタリアートとか知ったからね、その労働者が、ああここにもある、ここにもある、という感じで『資本論』、学んでいったんですよ。それとあと、ほとんどわからなかったんです。だけどもその労働者、最後まで読んでいったわけね。最後まで読むということが今では、非常によかったんだと思う。ところが、当時分からなかったけれども、一応そういう文字に馴れたと、概念が頭に少しずつ蓄積されていって残っていたと、次の勉強に非常に有利に働いたと思う。そして、ああいう長い本読んだという感じで、そして、その中で『共産党宣言』とか、一審の裁判官の前で、簑原裁判長だったけれども、斎藤則之という人と米軍の基地に侵入して横須賀署で会って、その時学校に行けと言われたけれども、学校に行けではなくて、『共産党宣言』を読めと言ったら、今回の事件、起こらなかったというぐらいに、その『共産党宣言』というのは、非常にぼくにショックを与えたわけね。そこで初めて仲間を殺したと思ったわけ。同じプロレタリアートを殺したと思ったわけね。それから物すごい後悔というか同情が、また自殺という形でそれが現れるんだけれども、それが文章書いててやっととめてたけれども、あれは拘置所の人とか、いろいろそういうことがわかってて、いろいろ工作してくれて、自殺をとめてたと思うけれども、それでだんだんだんだん仲間殺したということわかってて、さっき言ったように、それからなんだ、学問というか、全然変わってないわけ。なぜ、仲間を殺したのか、仲間を殺さないためには、どうやったらいいのか、それしか考えてないんだ、いろいろ一杯やってるけれども、今後はそれしか考えてないわけ。

——そうするとあなたは、そうやって獄中でいろいろ勉強した結果、四人の仲間を殺したことは間違っていたと、今では思っているわけですね。

思ってる、完全に思ってる。そして彼らと今は共生してると思ってる。被害者四人の人達と。

——今、斎藤さんの話が出ましたが、この人は学生ですね。

当時学生だった、今は弁護士です。

——その斎藤則之という人と出会ったのは、留置場ですか。

そうです。

――いつ頃ですか。

だから十七歳頃、東京エアターミナルのあとですね、自殺するため、基地の中をうろうろしてそれでつかまって、そこで非常に劣等感持ってて、それで戸籍のことを言って、戸籍は変えられるんだという感じで、その時は生まれた住所まで変えられるかどうか分からなかったけれどもとにかく戸籍は変えられるんだと、そこでもう一度、生きてみようかと思ったわけ。そして、兄弟、何やってるんだと、会いに来ないからね、その時、何というかいろいろ話して、兄貴がその、夜間高校行ってると、言ったら、その、兄弟というものは、能力的にはあまり変りないんだと、だから夜間高校位、君も行けるよという感じで、それで別れる時、おれ必ず夜間高校行くという感じでね、言って別れて、そのまま、何というか行ってしまったという感じなんです。

――そのとき、とめられた留置場はどこの警察でしたか。

横須賀中央署だと思います。

――あなたは何の事件でとめられたんですか。

窃盗事件だと思います。

——何をやったんですか。

入って行ってぶらぶらしていて、基地の沖まで泳いだりして、それでも捕まらないから、まず、MPというか、軍の警察署ですね、あのわきの、自動車の部品販売店がありますね。その大きなガラスのドアを石で壊して、大きな音をたてても、だれも来ないから、その中に入って行って、ガタガタ、何も盗まないで、いろいろ物をひっくり返したりしていて、それ、出て来てもまだだれも来ないから、それで、基地の中、ゆっくり歩いて行って、それで、昼見てわかっていたんだけど、そこに装甲車があったんですよね。その装甲車のある小屋の金網を越えて入って行って、そこで、夜警やっている兵隊に捕まって、それで、いろいろ、窃盗事件が罪名になったんだと。

——米軍の横須賀基地ですか。

本人としては、取ったのがわかっているのはドルとシャツね、シャツとかすぐ向こうに戻ったけれども、ドルも全部戻ったけれども、最終的に窃盗未遂事件ですか、そういう形になったと思います。

――あなたは、そのとき、米軍基地に入ったとき、ＭＰによって射殺してもらいたいと思って入ったのではないですか。

うん、それが強かったわけ。

――なぜですか。

だから、戸籍が、また、エアターミナルで出て来て、頰の傷をやくざだとか言われて、それで、注文とって、コックの人に言うんですよね。それで、なかなかぼくのは出してくれないのね。それで、陰口というか、やくざみたいな者がとか、聞こえるような感じで言ったりしてね、それで、大分いやになって、それで、自殺というか、感じが強くなったわけ。

――自殺したいと思って米軍基地に入ったわけですか。

そう。

――ただ、自殺といっても、自分で海に飛び込んだり汽車に飛び込んだりじゃなくて、人からピストルで撃ってもらいたいという自殺ですか。

そう、それが一番。向こうは日本のように甘くないから、ピストルを持っている以上、撃つだろうという感じで。

──ＭＰから発見されませんでしたか。

いや、装甲車のところで捕まるまで全然。行って、パトロールしていたのはわかっていたけれども、本人も普通の人のような感じで歩いていたしというか。

──あなたを善良な市民だと勘違いしたのかな。

だと思う。くそ度胸が本人はついていたし、こちら撃てという感じで歩いて行って。

──今回の一連の事件を起こす約二年前になりますか。

そう。

──そして、横須賀中央警察署に留置されて、そこで会ったのが斎藤則之学生ですか。

そう。

——大学はどこでしたか。

東大です。

——斎藤君は何のために逮捕されておったんでしょうか。

要するに、何かのデモで、一派五、六人捕まって入って来て、その入るところがないから、ぼくのところに何か来たみたい。

——斎藤君はその獄中であなたに何を教えてくれたんですか。

最初、体操みたいなことを教えて、次、しゃれこうべの歌、大砲の上に何とかかんとかって、しゃれこうべの歌、で、彼はなんかエーデルワイスの歌を歌っていたけれども、ぼくは全然わからなくて、ドイツ語の何か歌らしいんだけど、全然わからなくて、ただ聞いているだけでね、そして、二、三日くらいで別れたのかな。

――で、あなたに何か希望を持たせるような話をしてくれませんでしたか。

だから、さっき言ったように、学校へ行きなさいということと、その戸籍が変えられるんだということを言ってくれた。それで、生きる希望を持ったということ。

――それで、あなたは、いったん、生きる希望を持ったわけ。

うん、持った。

――そのときは。

そう。

――そして、警察から、間もなく、釈放になりましたか。

そう。

――その次、どこへ行きましたか。

川崎の新丸子の「荒田クリーニング店」です。それは保護委託というんですか、そういう感じで。

――そこにどのくらい働いていましたか。

秋から二、三ヶ月ですかね。

――一年三ヶ月ぐらいいませんでしたか。

いや、ぼくのほうとしては、家裁ですか、あそこの調査官、野々山という人なんですけど、その人に一年三ヶ月はここにいなくちゃいけないと言われて、それが刑期だと思っていたのね。それで、それだけは勤められると、そのかわり、自分は勉強するんだという形で、参考書とか買って来てやっていたわけなんですよね。

――で、結局、三ヶ月で終わったわけですか。

そう。

——やめたきっかけは何ですか。

それはいろいろあるけれども、最終的に向こうが出て行きなさいと、というのは、前にやめるとか何とか言って帰っていた堀さんが、正月だったんだけれども、九州に行って、そして、おやじさんは何か帰って来ないと思っていたんでしょうね。ところが、帰って来て、その翌日、お前、もういらないという感じで、それで、こっちはびっくりして、どうしてっていう感じで聞いたんだけど、すごい強い調子で言うから、そのまま黙って、当時、池袋にいた次男の忠雄のところに相談に行って、それで、出て行けというんだったら仕方がない、帰って来いと、荷物持って来いと言われて、そのタクシー代もらって、それで、帰って行って、タクシーで忠雄のところへ布団とか荷物を運んで、それで、帰って、その後、新宿の淀橋牛乳店へ勤めて、「明治牛乳」でしたか、支店に勤めて、それから、高校へ行ったんですよね。

——高校に行ったんですね。

そう。

――何高校でしたか。

明大附属中野高校です。

――入学試験を合格したわけですか。

いや、あそこはなぜ行けたかというと、入学試験がないんですよ。ないから、牛乳屋の息子と新宿高校とか、ほかにいろいろ二、三校行ったんだけど、あそこだけが試験がなくて、そして、自分は、あの当時、非常に劣等感を持っていて、全然学校にも行っていないし、少しは学んだけど、これは決して受からないという感じでいたから、試験のない中野高校が一番いいと思って、それで、その中野高校がその牛乳屋の息子さんの出身校だったんですよね。

――そうすると、昼間は淀橋の牛乳屋に勤めて、夜は明大附属中野高校に通学したんですか。

はい。

――学校はおもしろかったんですか。

最初はおもしろかった。保護観察官が来る前まで、本当にやろうと思っていた。力の限りやっていた。

——どのくらいたってから保護観察官が来ましたか。

夏に入る前なんだけど。

——数ヶ月ぐらいですか。

五月か六月ごろだと思う、夏前だから。それで、なぜ、そうなったかというと、住所とかもあるんでしょうけど、不思議なのは、女性の時計を拾ったんですよね、朝の牛乳配達やっていて。それで、近くに新宿の淀橋警察署があったから、そこに届けに行ったわけ。届けに行って一週間後にふっと来たんですがね。

——保護観察官が。

そう、保護観察官という野々山調査官が。向こうは何か全部調べていて、君、学校に行っているじゃないかという感じで、びっくりしていて、それで、管轄が東京に移るからと、兄貴と一緒にあとから呼ぶから来てくれという感じで、それで別れたけれども、そのとき、「荒田クリーニング店」のおやじが、なぜ、おれに出て行けと言ったのかわからないから、調べてくれと、彼に謝らせてくれっていう感じで言ったんだけど、聞き流すという感じでいてね、それで、あと、兄貴と一緒に九段坂の東京少年保護観察所ですか、あそこに行って、移管、移送とか何とかそういう手続きを、係官たちが立ったり座ったりしてやっていたんだけれども、本人としては、もう非常にまじめにやっているのにという感じで、そして、その前に、「荒田クリーニング店」のおやじが、なぜ、ああいうことをやったのか、訳を聞かせてくれという感じで、その新宿の女性の大橋という保護観察官に言ったんだけど、全然取り上げてもらえなくて、それで、怒っていて、そのところで怒ろうと思っていたんだけど、兄貴が胸を押さえて、いいから黙っていろっていう感じで、その場はすんだけれども、その後、また、係官、大橋という人といろいろ話したんだけど、こちらは怒ってしまって、「荒田クリーニング店」のおやじが謝らない限りは一切協力できないという感じで、お前ら勝手にやれという感じで言って、そして、もし、そっちがそういう気でやるんだったら、いつでも少年院でもどこでも入れていいんだよと言って、こちらも徹底的にやるぞという感じで、そのとき、別れたけれども。

——調査官があなたを脅かしたんですか。

いやいや、ぼくのほうが、そのとき、向こうがこちらの言うことを全然聞かないから、なぜ、荒田のおやじがそういうことをやったのか、なぜ、まじめにやっていたのに出て行けというのかわからないという感じで、給料だって千円少なくくれていたし、そういうことがわからないから、そういうことを、なぜ、するのか、そして、謝ってくれと、そしたら、協力するという感じで言って、それで、こちらの言うことを全然聞かないと、こちらも聞く必要ない、本人としては悪いことをやったと思っていない。捕まったとき、窃盗をしたけれども、全部没収されて返したからね。そういうものを盗むために入ったんじゃないし、犯意というものがなかったわけね。そういう感じであったから、そして、まじめにやっていたという感じでいたから、そういう態度に出たと思うんです。

——そこで、中野高校はどうしましたか。

それが来た以降、だんだん悩むようになって、そして、先生に言ったものかどうか、係官の大橋という人も学校に〔行〕〔言〕った（のか）〔らどうか〕というわけね。学校に来たら、おれ、もう行かなくなるという感じでいって、それで、だんだん、だんだん、学校にも行きづらくなって、そして、眠れなくなったんですよね。目をつぶれないというか、そういう感じで、朝起きて、牛乳配達やっていて、それで、倒れたりして、そういう感じで相当ノイローゼになっていたのかな、そういう中でやめていくというか、ある看護婦をやっている人に手紙書いて、おふくろが死んだから田舎に帰るからと、で、その当時、それ、とっさに出たんだけど、今思うと、おふくろ死んだということは、非常におふくろに対して怒りを持っていたんだと〔思う〕、だから、そういう形になったんだと。

——おふくろ死んだというのは、何ですか。

要するに、学校に行かない理由をその手紙に書いて看護婦である二十歳の女性に、先生に渡してくれという形で託したわけ。その中の内容として、おふくろが死んだからということで。

——そうすると、そのとき、家庭裁判所の調査官が来なければ、あなたはずっと中野高校に通っていましたか。

通っていた。兄貴も二回ほど訪ねてきて、昼にトンカツおごってくれたり、そして、何かオートバイで、朝、通りを通って行くんですよね。そういう形でいたから、兄貴が応援してくれて行けたかもわからない。

——その兄貴というのは。

保兄貴。

──一番上のお兄さんね。

三番目。

──そのままずっと中野高校に通っていたら、本件犯罪も起きなかったかな。

多分。

──残念だったね。

……。

──あなたはこの法廷で九月二十四日付けの鑑定請求書を出しておりますが、被告人の著作にかかる諸々の著書において示されている思想は、学問上、貴重なものか否かの鑑定を求めるという趣旨の鑑定を求めておりますが、これを求めた理由は何ですか。

それは、前の弁護士がそういうふうにやってくれたら、解任とか辞任は起こらなかっただろうと思うんだけど。簡単なことなんですよ。今の日本の社会の中で大論理学とか犯罪学を唯物論の立場から展開した知識を持った精神科医がいたら、その人に鑑定やってもらいますと言いますよ。ところが、そんな人は現実にいないでしょう。で、論理学は論理学者に頼まなければいけない。犯罪学は犯罪学者に頼まなければいけない。本人は、今までの数学というのは間違いだと、正しくは数量学と言わなければ弁証法ではないと。そして、今まで俗に化け学と言われていた化学は、化合学と言わなければ正しい認識ができないという形のことをやっている。それが正しいかどうか調べるには、やはり、数学者、ぼくから言う化合学者が鑑定しなければならないわけ。ところが、前の弁護士たちは全部それを精神科医に求めているわけ。精神科医はある程度の知識はあるけれども、本人は史上初めて科学にしたとかどうか言っているわけね。やはり、そういう意味では、論理学、数学、犯罪学、化合学とかの専門家に鑑定させなければいけないところを、前の弁護士たちは、そうじゃなくて、権力犯罪については被害妄想とか、そして、今言ったことに対しては、誇大妄想とか関連妄想とか、いろいろ妄想をいっぱいつけているわけね。それ自体が、こっちから見たら、頭がおかしいことであると思う。

――こういうことを聞いたら、あなたは怒るかもしれませんが、あなたは自分で自分を誇大妄想と思っていますか。いませんか。

そういう部分もある程度あるでしょう。だけども、言っているのは事実だからね。例えば、さっき言ったように、今まで数学と言われて来ましたね。幾何学と言われて来ましたね。水を量るとき、一個、二個と量りますか。必ず立方体、面を数えるわけね。そうすると、数ではないわけ。量であるわけ。数学と言われてい（なければ）〔て〕、なぜ、そういう量の面を考察するのか、必ずついているからなんだ。数には必ず面が、量がついているわけ。一個、二個と数えるけれども、物体である以上は必ず面があるわけ。量があるわけ。そうすると、弁証法的にみると、合ってないわけ。数学と言っているけれども、図形を考察している面があるわけ。図形というのは量であるわけ。規模、だから、数量学というのは正しいんだと、これはだれから見てもそうでしょう。ところが、今までそうでないんだ。コロンブスの卵なんですよ。コロンブスの卵というのは、新しい発見とか法則に対して、わからない間は非常に難しいけれども、解いてしまって発見してしまえば簡単なことなんだ。ところが、それがわからない。例えば、今言った、普通に化け学と言って来たわけでしょう。化け学と言わなければ、普通の（文科）〔科学〕の科と区別がつかないから、みんな化け学なんて言っているけれども、そもそも、それ自体が弁証法的に正しくないわけ。物質の変化と合成を研究する科学が化合学であるわけね。ところが、化学では一面しか見てないわけ。同じことなんだよ。それで、幾何学と言われて来ましたね。やっていることは図形の研究であるわけ。なぜ、これが幾何学というのか、なぜ、図形学と言わなければならないのかという、そういう対立を研究していったら、これは事実であるから、だれでもわかることなんですよ。

――それから、次に、若干聞く質問は、私としては聞く気はなかったんですが、あなた自身の意思でどうしても聞いてくれと言われたもので、数点、お尋ねします。まず、刑罰の本質は何ですか。

人を生かすことだと思う。そして、今、なぜ、世界の大勢が教育刑であるのかということと、それは非常に関係していると思う。世界が、第二次大戦以降、応報刑から教育刑になったのは、アウシュヴィッツとかの大量虐殺の罪悪感から起こったこともあるかもしれないけれども、殺すよりも、死刑で殺すよりも、生かして人民のために労働させて、役に立てさせたほうが全人民のために有意義であるという観点から教育刑が起こったと思うんだけれども、刑罰という場合、必ず教育刑が、教育主義が基本でなければならないと思う。そして、その中にあって、今回の最高裁判決はこれにまっこうから反対するものであるわけね。ファシストの判決文であるわけだ、こちらから見ると。ということは、こういうことなんだよ。本人は、もう一つ、ファシズムも科学にしたと言っている。というのは、学会の人に聞いたらわかると思うんですけれども、あるいは、一般の著書を見てもわかると思うんだけど、今までファシズムを科学にしたという人はいないいんですよ、学会の中で。ところが、永山則夫という人は、ファシズムを史上初めて科学にしたと言っているわけ。その本質は少数抹殺主義であると言っているわけ。この少数抹殺主義がファシズムだというのはだれも聞いたことがないと思う。本人しか言ってないんだ。だから、本人は史上初めて科学にしたと言っているわけ。この事実なんだ。そういう中で死刑というのはファシズムの刑罰なんだ。そして、人間としてあるべき刑罰ではないと思うんだよ。そのファシズムになった場合、必ず軍事経済が膨張するわけ。そして、福祉経済が必ずダウンするんだ。そして、刑罰というか、そういう中で、刑罰とも関連するんだけれども、もし、今、革命が起こった場合、裁判官に言ってもちょっと意味が通じないかもわからない。だけども、革命とか何とか、日本だけじゃないからね。世界でも革命が起こっているところがあるんだ。だから、言うんだけれども、革命が起こった場合、必ず生産力がダウンするわけ。そして、そういうとき、福祉政策を重視してやらないと、必ず刑務所で虐殺が起こるんだ。だって、囚人に与えるものを与えられないもの。飢え死にさせるしかないもの。そして、一方では、危険だということで虐殺してしまう。それが応報刑なんだけど、そういう刑罰の流れでファシズムをとらえなければいけない状況にあるわけ。そして、もう一つ、今、刑罰と言ったけれども、もし、革命が起こって、日本だけではなくてほかのところで起こって、もし、その革命政権ができて、新しい政権の状況で必ず囚人［の革命?・］が起こると思う。発生すると思う。そのとき、普段から福祉政策あるいは生命を大切にしていないと、そういう革命が起こったとき、まして、本人を、ファシズムを史上初めて科学にしたという人間を死刑にした場合、どうなりましょうか。今、日本の場合、一億二、三千万の人口がいるね。ブルジョアジーは二、三千万だけれども、お前ら、あれだけやった永山則夫を殺したではないかということで、非常に報復的な刑罰が未来においてなされるかもしれない。だから、今から、平常時、革命も戦争も起こらない、闘争も起こらない、平常時に、生命を大切にする教育刑なりが必要なんですよ。そして、治安の意味でも言うんだけれども、今言ったように永山則夫を死刑にした場合だよ、今は平常時だからいいけれども、もし、ほかの国と戦争が起こった場合、今度、原爆を落とされて当然の国民になってしまうわけ、日本人全体が。それは左翼自身に一番言うべきことなんだ。原水爆弾を落とされても仕方がない日本の左翼になるかどうかが、この永山裁判で問われているんだよ。それくらい重要であるわけね。今はこう言っても、さっき言ったように誇大妄想に思われるかもしれないけれども、見ていなさい。

――次の質問も同じ趣旨で尋ねますが、あなたは自分で自分を天才であると思っていますか。

思っていません。そして、普通、この前の新垣和美氏、前の女房ね、ミミって言っていたんだけど、天才とか何とかではなくてとか、あるいは、文学の面で永山は天才であると言われているけれども、おれは自分を天才と思っていない。じゃ、何と思っているか。じゃ、何と思っているか。それでも言っているわけね。じゃ、何と思っているか。チサイと思っている。チサイといっても地方裁判所のことじゃなくて、天と地下のチサイなんだ。永山則夫はチサイであると伝えてほしい。

――チサイというのは、どういう字ですか。

だから、天と地の地下の「地」、才能の「才」、地才。

――地方裁判所の略の地才と同じ字ですね。

〔記者・傍聴人、大笑い〕

〔後ろを振り向いて〕落語をやっているのではないから、笑いはいらない。

――地サイの「サイ」は？

才能の「才」。地才。だけども、地方裁判所（じゃない）〔の「裁」ではない〕からね。

〔裁判長・検察・傍聴人、爆笑〕

――更に、これもあなたの注文の質問ですが、あなたはマルクスをどう思っていますか。

マルクスも、さっき言ったように、非常に有能な人であると思うけれども、今では非常に古い人間である。非常に古い科学である。だから、国民というか、全部、右翼にいってしまうんだ。マルクス・レーニン主義の科学性が低下しているわけ。そして、一方では永山則夫の科学が進んでいるだけれども、それを国民は認めないからね、宗教に走る人が多くなってしまうわけ。この前のような自殺者が出て来るのも、左翼内部の道徳革命が必要なんだ。そして、それは科学的でなくちゃいけないんだけれども、マルクス主義という、これ自体、間違っているんだよ。未来においては科学的共産主義とか科学法則主義というのが正しいことであるわけ。そして、そのマルクスと永山則夫の違いは、新大陸を発見したコロンブスとアメリゴ・ヴェスプッチ、この違いなんだ。偉大といったら、今の状況ではマルクスのほうが偉大だ。コロンブスもアメリゴ・ヴェスプッチに比べたら偉大である。だけども、アメリゴ・ヴェスプッチとコロンブスと、発見した土地の面積を比べてご覧。コロンブスのほうがノミの小ささ、アメリカという名が残っているように、アメリゴ・ヴェスプッチのほうが非常に大きな面積を発見している。それで、学術の面においても、マルクスと永山則夫の違いはそこにあるわけ。さっき言ったように、これから唯物論の〔則夫訳〕〔論理学〕できたら、未来、五十年か百年の間に、七十七人以上のマルクス級の学者を作ってみせましょうというのはそこにあるわけ。今言ったように、新しい科学法則をどんどん、どんどん、体系化してきている。そして、それができているわけね。例えば、これもコロンブスの卵になるんですけれども、田中角栄がおりますね。今、目白の自宅から出ないけれども、あの人を今の状況では犯罪者と国民大衆は言っている。無罪確定してない。だけども、一応、有罪判決が下りている。だから、犯罪者と言っている。マルクス・レーニン主義においては、田中角栄はルンペンプロレタリアートであるわけ。犯罪者、こじき、売春婦、これをマルクス・レーニン主義ではルンペンプロレタリアートと言っているね。ところで、どうでしょう。田中角栄は五億円何とかかんとか言われていますね。こちらは人殺しやって、一万（とか何とかやって）〔円以下ね〕〔弁護士、爆笑〕、もっと、無銭飲食の人も犯罪者であるわけね。あれを同じルンペンプロレタリアートということで一括できるだろうか。あれは金持ちでしょう。今も国会議員でしょう。あれはルンペンプロレタリアートと言えるだろうか。おれは言えないと思う。ところが、マルクス・レーニン主義ではルンペンプロレタリアートでしかないわけ。弁証法というのは対立物の統一の法則であるわけね。ルンペンプロレタリアートがあるんだったら、どうしてルンペンブルジョアジーがないのか。ヒトラーはルンペンプロレタリアートと言えるだろうか。学術の本を見たら、そうやって出て来る。だけど、おれは違うと思う。軍曹になって、政治犯になって、首相になって、独裁者になったんだけど、出は税関吏であって、要するに、小ブルの出なんだ。だから、プロレタリアートでない。ヒトラーもルンペンブルジョアジーであるわけ。ところが、このルンペンブルジョアジーという概念がマルクス・レーニン主義にないんだよ。だれが発見したか、永山則夫本人である。

――もう一つ。今、弁証法という言葉が出ましたが、あなたの著作の中に自然弁証法と人間弁証法という言葉が書いてありますが、それはどういうことですか。

これもさっき言ったように同じ。エンゲルスの遺稿遺作なんだけど、『自然弁証法』という著作があります。そして、既に裁判所へ提出している古川弁護士（ら）〔批判〕のパンフレットの中に出て来るんですけれども、自然の弁証法の概念の反対概念は何だろうか。唯物弁証法の法則は対立物の統一の法則である。対立物の抗争と闘争の法則であるとレーニンは言っている。そうすると、自然弁証法の反対は社会あるいは人間弁証法である。この人間弁証法という概念も、さっき言ったように、ルンペンブルジョアジーと同じくぼくが発見したものなんだけど、今までのマルクス・レーニン主義にはない概念なんだ。そして、これは古川弁護士と激烈な論争をしているんだけれども、だれでもわかることなんですよ。今、話していますね。弁護士と被告人と対立していますね。何で統一していると思いますか。言葉なんですよ。言葉で統一している。この運動と、空の星の運動があるでしょう。これは同じ運動と思いますか。自然の運動と人間の運動と違うでしょう。精神と星の運動は違うでしょう。だから、こういうわけで自然の弁証法と人間の弁証法があると。そして、生産過程では、自然、かつ、人間弁証法が出て来るというのは、生産するということは人間が生産するわけね。ほかの動物はほとんどやらないんだ。そうすると、人間が自然を加工することになる。人間の能動力で自然を加工していることになる。これは机ですけれども、自然の木ではないね。自然から取ってこういうふうに加工している。自然の木ではない。このマイクはメッキとかいろいろついているけれども、プラスチックとかついているけれども、自然の鉄ではない。自然の石油ではない。そうすると、自然の木と人間の意思が合体してここに存在しているわけね。自然、かつ、人間弁証法になっているんだ。ところが、永山則夫がこうやって言うまでだれも知らなかった。これもコロンブスの卵なんだよ。で、人間弁証法がわからないために、マルクス主義というのは、スターリンという人がいて、スターリン自身が言っているように、一千万の人間が虐殺されたという感じになっているわけ。ああいうことが起こるんだ。カンボジアでも虐殺されている。内ゲバもあるでしょう。本当にその解放規準がわかってないからなんだよ。人間を粗末にすると、そうなってしまうわけ。マルクス・レーニン主義でさえも。

――以上であなたの注文による私の尋問は、一応、終わるのですが、次は、私の聞きたいことを聞きたいのですが、冒頭にも言いましたように、そういう偉大な思想を持つに至ったあなたが、なぜ、十数年前、こういう犯行を犯すに至ったのかの人間的、人生的、社会的背景をお尋ねしたいのですが、そうすると、これは永山則夫さんの十九年間の歴史を聞かないといけないことになるのですが、その質問にあなたは答えてくださいますか。

答えます。

――何か答えないとか。

いやいや、だから、本人が冒頭にも言ったように答えると言うけれども、詳しくは、今、小説に書いているわけ。さっき言ったように「捨て子ごっこ」というのは、永山則夫が生まれた状況前後から書いて、そして、「木橋」とか発表した、「破流」ね、あれにもずっと連作で、本人の生きざまをさらしてあるんだけれども、ああいうふうに書いているわけね。だから、こうやって言うと、言いたいことしか言えないのね。それで、仕方がないんだけれども、そういう中で、疲れて来ると言いたいことも忘れると、そういう感じでね。小説に書いているのになんでまた聞くのかという感じになるけれども、だから、答えますよ。答えますけれども、疲れるね。

——疲れたら疲れたと言ってください、やめますから。今日は疲れましたか。

うん、大分疲れている。

第十七回公判　昭和六十一年十一月二十六日

――前回に引続きお尋ねしますが、今起訴されている事件の社会的背景、乃至それに至るあなたの生活環境を立証するためにあなたの生い立ちから事件に至るまでのことをお尋ねしたいのですが、その質問に対してあなたは答えてくれますか。

はい、答えます。そして、何を目的に、今言ったけれども、どういう目的から述べたらいいのか、例えば前の法廷でも出したけれども、この机一つにしても木の形とか種類の立場から、見方から述べたらいいのか、或いはどういう生産をやったのか、そして、どういう状況で生産されたのか、そういう観点から述べる場合とでは事実をつなぎ合わせていくのが違ってくると思うんです。人間は述べる以上、必ず主観的な面が出てくると、それをできるだけ事実に合わせて、客観的なものにしなければいけないというのはどういう目的から、どういう観点から述べたらいいのか、それを最初に言ったほうが言い易いと思うんだ。例えば幼児期のことをずっと述べると、それはどういうことを立証したいために述べるのかと、例えば目立った背景では貧しかったと、それが犯罪にとってどういう意味があるのか、学校へほとんど行ってなかったと、それがその犯罪に対してどういう意味があるのか、どういう動機づけがあるのか、そういうものを述べるとか、或いは犯罪というか、必ず犯行時、善悪判断があったかどうかという問題が出てきてると、その場合、そこに問題になってるのは判断の自由力であるとおもうんですよ、するとその判断力が問題になってくる、判断力というのは、社会的な学習によって一定度形成されると思うんですけど、その場合、幼児期からずっとみていくという場合、犯行者本人の自由度が問題になってくると思うんです。一定の段階、各段階のね、するとその自由度が問題なのか、或いは本人は既に文学的な表現で、こういう幼児期のことを書いてるわけなんですよね、そうすると文学的な問題で述べたらいいのかどうか、それも分からない、要するにどういう科学的な観点から述べたらいいのか、文学か犯罪学か法律学か、或いは社会学か、そのどこを基準にして述べたらいいのかによって、その主観ががらりと違ってくる面が出て来ると思うんですよ。だから何を述べたらいいのか、どういうことを立証したいために述べたらいいのか、まずそれが問題だろうと思うんです。

――ありのまま事実を述べてもらえばいいんですが、あなたとして特にこういう観点から述べたいという考えはございますか。

まず、今言ったように法律学の立場、犯罪学の立場から、自由度の問題ね、犯行時どの程度自由があったかということをまず述べたいんです。というのは、前回も出したように、この机がありますね、これ、原始時代は作れなかったと思うんですよ。人類どこに行っても、それでこの小さなマイクロホンですけれども、このマイクロホンは封建時代、或いは二十年前でも作れなかったと思うんですよ、するとこれは何を意味するかというと、各時代の人類全体の能動力、自由度を示していると思うんだ。何故、原始時代にこの机が作れなかったのか、必要性なかったかもしれない、だけども、どんな知識を持っても作れなかったと、自由度がなかったんだと、このマイクロホンを二十年前までは作れなかった、封建時代はもちろん作れなかった、そこにはこういう作れる自由がなかったからだ、これは人類全体に言えることだけど、それは人類の一人である被告人本人にとってもそれは適用できると思うんですよね。だからその犯行時自由があったとして、どういうような自由があったのか、動いている以上は自由と見做せるわけね。だけども、それはどういう判断に基いて、どういう行動を伴う自由度なのか、今までの自由意思論というのは行動力、能動力の問題はほとんど問題にしていなかったわけですよ。ただ意思の問題ね、だから行動力と意思との結合をまず分離して、そして展開しなければいけないんだけど、それがなされていなかった。それで個人の自由というんだけど、今言ったように法律学、犯罪学の立場で述べるといった場合、本人は少年であったと、少年ということは自然児であったということ、自然児ということは動物に近い人間であったということなんだけど、動物に近い人間ということはどういうことかというと、普通の一般社会人よりも能動力、是非判断力も低かったということが、端的に言えるけれども、だけども、動物と比べてどうなのかということなんですよね。人間の子どもも動物であると、それでは子どもよりも大人の動物、成人となった動物と比べた場合どういうふうに違うのかといった場合、一番問題にすべきものなんだけど、忘れ去られていた自由意思論についての問題なんですね。この前言ったように、今も証明したように人間弁証法の発見によってこの自由意思論という問題を非常にきれいに解明できるようになってきてると思うんですよ。これは私個人の判断ですけれどもね。そして動物というのは異常時でなければ仲間を殺さないんだ。ライオンは飢えた時でなければ他の種類の動物を殺さないと、人間も動物である以上は本能の段階において同じ人間を殺すことは悪いことだと分かっているはずなんだと、同時に動物は敵は平気で殺すわけね、一定の食べるだけという限度はあるけれども、敵は平気で殺すと、要するに人間の立場から見たら動物にも善悪判断があるんですよ。動物にある以上は人間にもあってしかるべきなんだ、そして、ある。ところが人間の場合、本能ではないわけね、動物の場合、全部それ本能でやってるわけ、自由に見えても全部本能なんだ。本能の立場からやるから自然である、自然であるから犬が人間を殺そうと刑法にはふれない、或いは社会的に処分されるかも分からないけれども、刑法の問題にはならないという立場でありますね。それと同じように人間の場合その、動物とは違うということ、そして社会性とは何かという場合、意識があるということね。意識があるということは自然に対して能動力があるということなんだ。その意思の問題を自由意思論の場合あまり問題にはしてないけれどもこれも大切なことだと思うんですね。で人間の場合、意識によって敵か味方か分けるわけなんですよ。良いか悪いか分ける。動物の場合は本能、そしてずんずんずんずん子どもから社会人になって、一定度の成人になったら刑罰を受けられる対象になる、ということはやはりそれ、自然人と社会人と分けてるからそういうふうになると思うんですよ。

——そこでね、あなたの言った自由意思の問題、或いは能動力の問題の観点から述べていただいて結構なんですが、じゃあ、私の質問に入っていいですか。

はい、どうぞ。

——あなたは昭和二十四年の六月に生まれましたね。

はい。

——生まれた場所は北海道の網走ですか。

網走市呼人村番外地。

——市の下に村は付かないから、網走市呼人番外地ですね。その網走市呼人番外地であるということを初めて知ったのは、何歳ぐらいの時ですか。

だから、大阪にいて戸籍謄本を取り寄せた十六歳ぐらいだと思います。

――それまでは知りませんね。

知らなかった。

――で、その網走に何歳までいましたか。

多分、五歳と少しだと思います。

――その当時のことについては　あまり記憶はありませんか。

記憶はないけれども、すぐ上の保兄貴ね、これに手をつながれて、とにかく港に行ったり、いろいろな所へ引っぱられて行ったことは少し覚えているけど、で、頬の傷を付けた時だと思うんだけど、赤い布が前にあって、自分がわんわん泣いていて、だれか隣の者が面倒みたというか、動いている、そういう記憶があるんです。

――頬の傷は左ですか。

左です。

――まあ、あとで分かったことでいいんですが、なんで傷が付いたのですか。

これは、おふくろに聞いたら、久江という次女が、子守していて、間違ってストーブに転ばされて、それで付けたらしいんです。

――あなたの兄弟は、確か全部で八人ですね。

はい。そして姪を入れて九人です。姪は洋子といって順子と同じ年です。

――一番上がセツさんですね。

はい。

――二番めが忠一さん、三番めが今話に出た久江さん、その下は明子さん、その下が時々話に出てくる忠雄さん、その次が保さん、その下があなたですね。

はい。

——そして、あなたの下は。

順子です。

——兄弟としてはこれで終りで、あと姪の洋子さんといったね。洋子さんはだれの娘さんですか。

長男の忠一の子どもです。長男が同級生に生ませた子どもらしいんです。

——私生児ですか。

だと思います。

——五歳までいたというとあなたはお父さんの記憶はないか。

網走時代では全くないです。そして、母親の記憶もないんですね。わずかにセツ姉さんが浜辺に、多分網走港と思うけど、そういう所に連れて行って、何か遊ばせていたのを、多分セツ姉さんが病院に入っていた時でしょうね、何かその病院におれを負って連れて行ったような、そういう記憶があるんだけど、あとはほとんどないということです。

――セツ姉さんが入っていた病院というのは精神病院ですか。

はい、そうです。

――そのころあなたの家は、だれの、何の稼ぎによって食べていたかもあまり分からないですか。

わからないです。ただ、鉄くずとかを保と一緒に拾っていたのは記憶あります。そして、港に落ちた魚とかを拾っていたのを覚えています。

――あとでわかったことでいいんですが、まずお父さんは、途中で家出してしまいましたね。

はい、聞くところによると。

——あなたが何歳ぐらいの時になりますか。

網走で五歳の時だったと思います。

——その後お母さんも　あなた方を残して実家に帰ったんじゃないですか。

いいえ、それ、親父が蒸発する前みたい。保兄貴の調書を見て初めて分かったんだけど、おふくろが青森の板柳に帰って、そのあと餅とか持って冬、親父が一度来たみたい。それからいなくなったみたい。

——そうするとお母さんがいなくなって、次お父さんがいなくなって兄弟は八人のうち何人残されたんですかね。

明子、忠雄、保、そして則夫本人の四人です。

——明子さんはあなたよりいくつ上でしょうか。

いくつというよりも、明子は残された時、確か中学二年か一年、十四歳ぐらいだったです。忠雄が小学校六年生ぐらいかな、それで保が小学三年生ぐらいで。

――あなたは就学前だ。

そう。

――すると一番上でも中学一年の女の子を頭に四人残され……。

いいえ、一年か二年、十四歳だと二年かもしれないです。

――十四歳の女の子を頭に四人残されちゃったわけだが、あなたの記憶では鉄くずを拾って売った記憶があると。

はい、で、港で落ちた魚を拾って。

――それで食べてたことになりますか。

というかそういう記憶しかないわけで、実際は、聞くところによると明子とかが新聞配達とかやってて、或いは周囲の手伝いしてて何か、食べてたような感じなんだけど。

――あなたの当時の記憶で橋のまん中に一人置き去りにされた記憶がありますか。

あります。

――どういうことですか。

ただぽつんと、保兄貴に手を引かれて行って、それであとから気付くんですけど、網走橋というんでしょうか、そのまん中に残されて、待ってろという感じで置いてて、そのあとどうなったか自分ではよく分からないんです。大分ぽつんと、待ってたような記憶だけが残ってるわけね。

――記録によるとあなた方四人の子どもが両親に置き去りにされた期間はやく七ヶ月ぐらいのようなんですが、大体そんな見当かな。

十、十一、十二、一、二、三、四、五［月］、大体それぐらい、七ヶ月か八ヶ月ぐらいだと思います。

――その次に青森県の板柳町のお母さんの所に引取られたんですか。

はい。

――明子さんから則夫くんまで全部。

はい。

――そしたら、板柳町は今度大世帯になったわけですか、全部集まったわけですか。

全部って、なんか聞くところによると、忠一も網走にいた時一度来たらしいんだけど、鉄くずとか持っていなくなってしまったらしいんですね。集めたやつを、それで保とか忠雄が非常に怒っていたというのを逮捕されてから知ったんだけど、そのセツと忠一以外は全部集まったみたいです。

――その板柳町時代セツさんはどこで何をしていたんでしょうか。

だから網走の病院にいたわけなんです。

――精神病院に入院していたわけ。

はい。

――忠一さんは。

行方不明。

――お父さんはもちろんいないね。板柳時代はね。

はい。

――お母さんが働いて暮しを立てたわけですか。

はい。

――何をしていたのですか。

多分行商だと思う。一番最初移った所は「棟方」のトタン屋と言ってたんだけど、それはおふくろの母親である人、お祖母ちゃんなんだけど、その家の裏というか、炭小屋みたいな所に全部詰めこまれていたみたいです。

――八人ぐらいでしょうか、姪御さんとお母さん含めると。

ええ。

――それが炭小屋に詰めこまれたと。

ええ、そしてそこからいつ移ったのかわからないけど、順子が幼稚園か保育園に行く時は既に、今いる板柳の入福マーケットに移っていたと思う。

――お母さんの行商は魚でしたか。

はい。

――生活保護も受けていましたか、あとで分かったことでいいですが。

いや、最初は何かおふくろのほうが、受けないで一人でやるんだとがんばっていたみたい。ところがマーケットのほうに移って、周りに生活保護世帯がいっぱいいたから、それで受けてたみたい。

――あなたもお母さんの仕事の手伝いなどをしたことがありますか。

もっと大きくなってからね。

――それで、小学校に入ったのは板柳に行ってからですね。

はい。

――昭和三十一年四月にあなたが小学校に入ってるようだが、大体その頃ですか。

だと思う。

――小学校は最初のうちは大体行ってましたか。

行ってたんだと思う。

――途中から行かなくなりましたね。

はい。

――この間のあなたの証言だと、二年生の終りごろとか言ってたが、そうですか。

秋だと思います。学芸会のある時だから。

――前回もちょっと触れましたが、もう少しわかりやすく教えてもらいたいんですが、学芸会をのぞきに行ってうんぬんとおっしゃっていましたが、もう一回ちょっとわかりやすく述べて下さい。

忠雄兄貴がいて、それが保とか本人とかに禁足したんですよね、学芸会見に行くなと、それは後から知ったんだけど、要するに着物がきたないとか、そういう感じで晴れやかな所に行けないという感じで、行くなと言ったんだと思うけども、それは本人は知らないからずっとそのころまでは、学校が好きだということがあったかもしれないけれども行ってた。それで、外の、講堂の後の窓からのぞいてて、それを町の父兄が見に来てて、それを中から見られて、先生とかに、それであとでそのことが町でうわさになって、それが忠雄兄貴の耳にも入って、それでものすごくリンチを受けたわけね、気絶するぐらいされて……。

——当時そうすると、あなた方は、うんときたない服を着ていたんですか。

だと思う……。

——しかし、あなたの小学校の学芸会でしょう。

はい。

——あなたは小学二年生なんだから、当然参加する権利があるね。それを見に行っちゃいけないというのは何故ですかね。

さあね、今から思うと非常に、忠雄は気位が高くて、それできたないから、行くなという感じで、それでなくても自分でも覚えているけど、鼻とかをこうして、（被告人は右袖口で鼻をこする動作をした）、てかてかにしてたと思うんで、他に着るものもないし、それがきたないというか、みじめたらしいのでそういう所に行くなという感じになったと思う。

——一回着たものはもう何年も続けて着ていたわけですか。

だと思う。その前に忠雄、保、本人という具合に下りてくるからね。

——お下がり。

はい。

——もともとてかてか光ってるわけだね。

だと思う。

——それで、忠雄兄貴からリンチを受けてあなたはどうしましたか。

起きて、朝だれもいないから、めしを食べてないから、そこにあった焦げめしを食べたりして、それですぐに河原とかに逃げて、夜になっても家に帰らないで駅の荷物置き場に行ったわけなんですよね。で、荷物置き場に行って、そこに丸通〔運送会社〕の人が来て、怒られて、線路をずっと逃げていく形になったわけ。で、隣の駅あたりからかな、汽車に乗って家出したわけなんです。

――どこに行きましたか。

連絡線に乗ってセツ姉さんの所へ行こうと思って、そこしかなかったからね、網走に行こうと思って、それで連絡船に乗ってだれも発見する人がいなくて、函館を越えて、森という駅まで行ったんだと思う、そこで、鉄道公安官に保護される前に車掌を通じてね、何か夫婦の人に汽車の中で発見されて、それで車掌に渡されて、それで鉄道公安官に渡されて、そこからその町の警察署かに渡されて、それで函館の児童相談所かどこかに引取られて、そこでお祖母ちゃんを待っていたんだと思う。

――それで、板柳町にまた逆戻りしたわけですか。

ええ。

――それが小学二年の時ですね。

だと思う。

――更に小学三年の時に何か指にけがをしませんでしたか。

ええ、戻るとまた忠雄兄貴がリンチするわけね。

――何故ですか。

家出したということで、それでたきぎ拾いとか洗濯物とか何ていうのか、家事ほとんど全部やってたわけね、水洗いに関しては。

――あなたがですか。

はい。

――小学二、三年ごろに。

はい、それで夕方薪を拾って来て、丸太とかがあって、それを鉈で切っていたわけなんです。それで間違って切って……。

——左手のどこの指……。

人差指です。

——今も先っちょがなくなってるわけね。

どういうんでしょう、これ……。

——短くなってるんですね。

ええ、手術して、それで短くなってますね。

——そうすると、その頃、小学二、三年頃以後はほとんど学校には行ってませんか。

うん、その繰返し、戻ってくると手伝いが激しくて、それでおふくろも、泣いてるとかするから、いやがってね、それで仕事をまた言いつける。その中でおふくろの行商のリヤカーに付ける底の板があるんです。それを洗っている時、指をまたけがして。

——板でどうして指をけがしたの。

板の、ささくれてるというか、ぎざぎざしてる所に間違って付けたのかもしれない、それで化膿して、化膿したまま家出して、お祖母ちゃんが必ず迎えに来てて、帰ってくる汽車の中で発見されて、だから左人差指と同じ所で手術して、曲ってるんです。

——右手の小指ですか。

小指。

——今も曲ってるわけ。

ええ、それで今も爪がおかしくなってるんです。

――それで小学四年ごろからあなたは新聞配達をしたんじゃなかったですか。

うん、四年も、少しはやってたでしょうけれども、本格的にやったのは、忠雄がいなくなって保の時代になって、それで、保が、はっきり記憶があるのは、五年生なんですよね、五年の後半になると、秋くらいになるとほとんどぼくがやってたわけなんですよ、それで保兄貴は駅伝とか野球とかやってて、それで山へみんなを引き連れて、自転車に乗って行く時とかはその大将になってたからね、その時は本人がやってたわけなんです。五年のおしまいになるともう完全に本人がやってたわけです。

――本人て、あなた。

はい。

――新聞配達は、中学にならないとできないのではなかったですか。

それは、あとで知るんだけど、だけどもそれは六年生になる前なんだけど、五年のおしまいごろなんだけど保からおれに引き継ぐということでこがわというのか、ふるかわというのか、新聞屋の親父に、おれを連れて行って　おれにバトンタッチするからということでやったんだけれども、何か家出時代の、本を売店で盗んだことから何か、一度断られたんだけど、保が大丈夫だから、今は何もやってないからということでそれで大丈夫だったんだと、それと同時に、その時は、本人は、おれはそれで大丈夫だったんだという感じでいたわけね、ところがあとからそれと同時に、親父さんは、小学生であるということがあったために非常に反対したんじゃないかな。

――本当はあなたは小学生なのに中学一年だと言って新聞配達をしたんじゃないですか。

その当時は気付かなかったけれども、新聞店の親父としては、そう上のほうに報告するしかなかったんだと思う。

――そうまでやらないと　あなたの家ではめしを食えなかったわけですか。

だと思うけど、ほとんど保兄貴が家に新聞配達したアルバイト料とかを入れないで、本人が使ってたんです。それは衣類とかを月賦で払うとかしてね、全部そういう方向に流れて、それはおれの代になっても変わらなかったわけね。それでほとんどお金はやらないわけで給料日になるとおふくろや順子や洋子にラーメンを一杯ずつおごるとか、或いは最初の頃は筆箱とかを順子たちに買ってやるとか、そういうことはしたけれども、あとはほとんど自分の衣類とか、或いは日用品ね、そういうものを買って、ほとんどすぐなくなっていたと思う。

——あなたは新聞配達で稼いだ金は家に入れたわけですか。

だから、今言ったように、家に入れるというよりも、保も忠雄も衣類や日用品とかを買うために使っていたんだと思う、それによっておふくろを助けていたんだと思う。

——それで昭和三十七年に中学に入りましたね。

はい。

——板柳中学ですね。

はい。

——ここは最初は学校へ行っていましたか。

うん、行ってたんだと思う。運動会する時というか、運動会、春でしたか、五月、六月ごろまではずっと行ってたと思う。

――大分あなたは走るのが速かったみたいですね。

というか、マラソンをやるまで町のだれも気づかなかったんだと思う。本人自身も気づかないでいたわけね。そんなに速いというか、そして運動会の時、ヨーイドンで全校生徒一緒に走って、一年から三年全部走って、その中でずっとトップ集団にいて、それで帰ってくる時もずっと付いてて、で、一年でトップになったわけね、順位的には五番めだったけど、それでものすごい歓声があったわけね、おれが入ってきた時、それであとで、それはすぐ後に先輩がいて、それが一生懸命抜こうとしていたため、争っていると思って拍手歓声してたんでしょうけれども、とにかく五位になって、みんなびっくりしてるわけね、おれ本人もびっくりして、こんなに速かったのかという感じで、それでグランドの芝生の所に三十分ぐらい立ってて、それで四等まで、表彰台というか、校長とかがいるテントのほうに引っぱられて行って、おれの所で切られちゃったわけね、それで後にいる六位の人が顔を見て、じっとにらんでるわけね、それで何か悪いことをしたような感じになってね、それからその後三年生の陸上部の人たちが何人も、おれに陸上部に入れと来たんだけど、新聞があることと、おれの下に男の兄弟がいなかったわけね、保はおれがいたからいいけど、女の子に新聞手伝ってもらうわけにいかないから、それで、保のあれ見てたら必ず新聞に影響する感じが出てくるのが分かってるからね、それで入らなかったわけね。そして、本人は美術が好きで、美術部に行こうとして行ったんだけど、そこでも、あとではいろいろお金がかかってだめだということで段々行かなくなったわけね。

——本人てあなたのことね。

ええ、これから、おれか本人と言いますからね、或いは途中で永山則夫と言うかもしれないけど。

——そこで永山則夫本人は、そのうち今度中学にも行かなくなりましたね。

はい。

——きっかけは何でしたか。

そういうようなわけで、新聞配達やってて、前セツ姉さんがいた時はいいんだけど、網走から帰ってきて弘前に入院してね、それで退院してきてね、それでやってた時は保もいて非常にいい環境で、学校にも行けたんだけど、その後いなくなってしまって、妊娠事件とか起こしてね。

——何ですか、妊娠事件て。

セツ姉さんが、同じマーケットの大田という背負子（しょいこ）［荷物を担いだ行商人］の息子なんだけど、その人がセツ姉さんを妊娠させて、堕ろした後また弘前の精神病院に入院したわけなんですよ。そういうこともあって、ほとんど家事全部おれがやらなくちゃならなくなったわけ、順子たちはまだ小学生で小さかったたし、そういう感じで、朝とか配達してきて、いろいろやってると、どうしても遅れてしまうんです。それで遅刻して行くと生徒手帳を取られるのね、そしてそれは当時から担任の先生に行って、そのままで立っていなくちゃならないわけ、教室の前にね、それがあって何回も怒られて、それで、こっちはこれだけやってるのにという感じで、何も分からないくせしやがってという感じでどんどん反発が出てきたわけ、それで教室の中に入って、何故遅刻したり休むんだとか言われてね、その中で来たくないから来ないという感じでね、言ったわけで、それで教室のみんなに笑われたりして、それでその場で逃げようとしたけど、それはやめさせられて、あと一週間とか二週間出て来て、また怒られて、また休むという、そういうふうにどんどんエスカレートしていったわけなんです。

——先生からびんたとられたこともあるようですね。

それは比内先生の場合ない。あの人は、教室でしか相手にしませんから、壇上の上でしか相手にしないから。

――で、いつごろから完全に行かなくなったんですか、中学校には。

二年生になって春、そして運動会が終り、六月ごろかな学校に行ったら、自分の机がなくて、それで隣の教室まで取りに行って、それで委員長と一緒に取りに行ってなんかみじめになってきてね。

――机がないって、どういう意味ですか。

技術か何かの時にね、人数があれして、その時移動させるのかな、そしてそういう感じでそこに残っていたんだと思う。それで女子と男子と分かれてそういう感じでその机が余ったり少なくなったりという感じでやってて向こうのクラスに残っていて　それで本人が取りに行くことになったんだと思う。

――それもあなたが大分休んでいたからそういう格好になっちゃったわけですか。

だと思う。

――それで、ますます学校に行くのがいやになっちゃったわけですか。

それからもう絶対来ないという感じでね、だから中学二年の春から、三年生の秋はびんたをやられて家出した後、以後はずっと休んでいたわけ。

――びんたをとられたのは中学二年……。

いや、中学三年の秋。

――佐藤ひでみ先生と言いましたか。

はい。

――ひでみって女ですか。

男です。

――字は覚えているか。

英己。

——何ですか、きっかけは。

何故学校に来ないんだと、で、また、行きたくないから行かないと言ったら、急にびーんと来たわけね、で、ぐっとにらんでたら、なんだそのつらは、という感じで、もう顔をまっ赤にしてにらんでたわけね。それで向こうも恐かったんでしょう、帰ったわけね、そこにおふくろもいて、それで丁度一級下の熊谷清という人が、そいつも新聞配達の仲間でね、迎えに来て、それで、それを見てて、帰った後、かえって油を注いだと言ってね、その場で清に一週間以内におれの配達地区をバトンタッチできるだれか捜してくれと言って、それで清の友だちが捜して、おれの配達地区の後がまに座るようにして、それで教えて、それから自転車で家出したわけなんですよね。

——自転車で家出した、中学三年の時、青森県板柳町から。

はい。

——どちらへ向かいましたか。

とにかく東京へ行こうと思っていたわけ。

——何のために。

何のって、もうあそこで卒業できないと思っていたし、それで働いていたから働けると思っていたわけね。それで、とにかく明子姉さんの所に向かって、その時は東京の板橋にいるという感じしかわからなかったわけね、そこに行ったらわかるんだという感じで、非常に無鉄砲な考えで行ったわけね。

——明子姉さんは、当時板橋で結婚でもしてたんですか。

はい。

——それを頼って行った。

はい。

――どこまで行きましたか。

夜走って昼寝るという感じで、二日ぐらいしかかからなかったと思うけど、福島まで、自転車で行ったんです。

――夜走って昼寝てた。

はい。

――逆なんじゃないの。

昼は暑いから、暑いというか車とか多いからね。

――どういう所で寝たわけですか。

田んぼがあるでしょう。それで稲刈ってたから、何ていうか、小さな丸太があるでしょう。あれを積んでいた上に寝るとか、その下で寝るとかしてたんです。

——食い物はどうしたんですか。

パンとか牛乳とか買って。

——金は少しあったわけ。

給料もらって行ったから。

——で、福島まで着いたわけ。

はい。

——そこでつかまっちゃったんですか。

警察署の前の一ぱいある自転車置場に、何ていうのか、警鈴というんですか、ベルの中へ板柳の住所を入れて、ここに送って下さいと書いて、それできっちりやって、それで福島の駅の方に行って、足が棒になってて、走れない、と思ってたし、そこから、お金があったしね、東京まで行けるという感じで、福島の駅から電車に乗ろうと思ったわけなんですよ。それで切符売場に行って、切符買って、東京駅下さいと言ったら、東京のどこかと、向こうの人が聞くわけね、何か話しにくい言葉でね、だから、全然わからないから、東京ですと何度も言ったわけね。それで、なんか向こうのほうがあわてて、あわてるというかいろいろな人に連絡して、それで何か一ぱい線がある人が来て、とにかく切符売りなさいとか言って切符売って、それでホームというか切符切り場のほうに行って切符渡したわけ。そこにもちゃんと人がいて、それで切符切らないで取ってしまったわけね。それですぐお金戻して、すぐ、鉄道公安官ですか、そこに引き取られたわけなんです。それでおふくろと佐藤英己先生が来るまでそこで待っていたわけ。

——福島まで迎えに来たの。

そう。

——お母さんと、あなたにびんたくわした先生が。

はい。

——で、また板柳に逆戻りしたわけ。

はい。

――しかし学校にはそのまま行かなかったのでしょうね。

いや、行かないでいると、佐藤英己が来て、悪かったという感じで来て、きみ、二日であそこまで行って、非常に足が速いということを言って、そういう大会とかあるから、走るだけでいいから学校に、午後だけでも来てくんないかという感じで、それで行くようになって、そして走り出したわけなんです。校庭というかグランドでね、練習しだしたわけ、それで、それと同時に学校とかへも行くようになって周りの連中、修とか藤原慎一とか、そういう同級生が来て、一緒に行くようになって、それでやってて　駅伝とかがあって出て、それでどんどん行き出して。

――そして、間もなくその翌年卒業したんですね。

うん、だけどまた布施という人と喧嘩してからまた行かなくなったんです。

――何ですか、布施とは。

布施ナオカツというんだけど同じクラスで、急にぽっと出てきて、講堂の一番上に、みんなの前に立ったり、非常に足が速いということで、もてはやされ出したのかな、そういうので非常に反発を覚えていたんでしょうね、そういう感じの少年というか、同級生なんだけど、非常につっかかってきて、そんなにやりたいんだったら昼決闘しましょうという感じで、それで顔を三角にされてしまったんだけど。

——何にされた？

顔面をね、向こうは喧嘩強くてというか、パンチあまり強くないんだけど喧嘩のやり方がわかってたのかな、とにかくその前にも少しそういうことがあって、泥川ではないんだけど、田んぼの水抜いた、それが流れてる川が何本かあって、そこで少し前喧嘩やって、そこに落っことしたら勝ち、という感じの喧嘩やってたから、おれもそれで勝つんだと思って一生懸命そこに落とそうと思ってたわけね、あまり水入ってなかったけど落としたら勝つんだと思ってたけど、向こうはものすごいパンチを食らわせるわけね、それで、三角になったわけだけど。

裁判長　顔を三角にされたというのはどういう意味ですか。

殴られるでしょう。殴られたら本当に顔がふくれるんだ、おたふくに。

――ふくれて三角になったわけ。

ええ。

――つまり、あなたが喧嘩に負けたわけだ。

いや、負けるというか、最後にはおれが勝ってた。布施がこうやって、(頭を抱える)、顔を伏せて、こうやり出した時、後からぼかすか本人がやってね、向こうが完全に何もできなくなってしまったわけ、そのとき大人が来て、おれの腕を止めて、そうなった時は、職員室の全員も見てたのかな。校庭があって、こっちでやってて(右側を示す)、一年生の校舎があって、(左側を示す)、ここに職員室があって、(更に左側を示す)、で、このへんの二階におれらの教室があるんだけど、(職員室の上あたりを示す)、だから、ここでやってたものが、(右前のほうを示す)、ずっと彼を追って、このへんで喧嘩やってることになったわけね、グランドのまん中なんですよ、右端のね、そこへ大人が来て止めてね、最終的にこれからおれが反撃できる時というか、何か知らないけど、マーケットに喧嘩の強い人がいて、その人は言いぶんがあるんだけど、自分が殴られるまでかかっていかないのね、それでやったならば非常に強いわけ。そういう喧嘩のやり方にあこがれていて、それをまねて、とにかく殴れという感じでおれは絶対泣かないという感じでやってて、その時泣かなかったわけね、そして最終的に泣かないし、殴られても倒れないで、どんどん、どんどん力つけていくという感じで布施もあきれてしまうような感じで逃げてしまったわけね、それで、追って行って、これから反撃というとき、ストップされたわけ、だから結局布施にはほとんど何も、後からこうやっているところを、（頭を抱える）手を殴るぐらいで、おれの頬は三角になってね、そういう形だけど、これからやるという時止められて、そして委員長が来てね、松山というんだけど、それで学校に帰らないから、教室に戻らないから、何ていうか、鞄持ってきてくれという形でそこに鞄持ってきてもらって、そこから校庭を出て行ったわけね。その時、泣かないという感じで、一年生のあこがれになったみたいなんだよね、走るし、喧嘩は強いし、殴られても泣かないという感じでね、だけども校庭を出て、ずっとマーケットのほうへ帰ろうとした時、佐藤英己先生が走ってきて、そこでどうしたんだという感じで、さわって、そこで初めて、おれは涙流したわけね、それでもう布施がいる限り学校へ来ないという感じでやって、で、それでなんていうか、家に帰ってその夜、佐藤英己先生が薬持ってきて、湿布薬持って来て、ガーゼとか買ってきて、つけてくれて。それは何故そういうふうになったのかというと駅伝やって、それで走って壇上に上がって、駅伝やってそれで五区で折り返しの十区だったんですよね、それで、駅伝の先生というか、陸上部の先生が、最初のほうには出来の悪い、というか不良少年みたいのばかり配置して、後の連中に期待したとか何とか言ってるわけね、それを聞いて、なんだこの先生は、という感じでね、その他にも、何かつっけんどんに当たってきてね、いい感じ持ってないけれども、それを聞いて、もう走らないという感じを持ってて、そしてその喧嘩やった翌日、学級大会でまた走らなきゃならないわけ、五千とか三千とかね、そういうものがあったから、もう走りたくないという気持もあって喧嘩やって、それで抜けたという感じだったんだけど。

――それ以来、中学には、行かなくなっちゃったんですか。

少しはまだ、出て行ったけれども、それで、佐藤英己という先生に、こう、何か、疑問持って来てね、その、教室の、皆のいるところで、何か、こう、なかなかよくやっているとかね、ほめるとか、そういう感じで言うわけね、それで一対一になると、何か逃げるような感じでやっていたから何だこの先生、と思ってね、それで、ずるずる、午前中だけ行って、午後帰るようになったわけ、それで、又、佐藤英己が文句言ったから、それで又、行かなくなってしまったわけね。それで又行き出したというのは、冬になって、セーター作っているから、そのセーターだけでも取りに来いという感じで、その時、又、一旦やめていた新聞を、新聞屋の親父が来てね、板柳から一番遠いところを自転車借りて、回していて、丁度その帰り道の五時に一度行って、訪ねたんだけどもいなかったわけで、奥さんがいて、七時頃来て下さいということで、その時行って、それで今から来たら必ず卒業させるから来てくれと、今お前のためにセーターも編んでいるから、という感じでもって、それで、学校に又行き出したんですがね。

――それで、昭和四十年三月に、その中学を一応、卒業のかっこうになりましたね。

はい、だから、三年生も三十日そこそこ位しか行ってないんですね。ところが、あとから見ると、百二十四日ですか、丁度半分、半分行ってることになってるんだね。

――書類上は。

そう。

――実際は、そんなに出席してなかったわけ。

うん、それでね、この二人の先生なんだけれども、佐藤英己先生は、いろいろあとで問題起すけれどもね、比内先生って、いたでしょう、この人が、今回、高裁で証人になって、それで、何故、その、おれを放っぽりかしておいたのかというと、外の非行少年もいてね、それよりずっとおとなしいし、そして、おれが犯罪者になっても、こそ泥位しかやらないだろう、だから放っておいたんだという感じなんですよね、それを聞いた時、無性に腹が立ってね……。

――法廷で腹が立ったわけ。

いや、あとから、その書類読んで。

――その比内先生というのも、中学の先生ですか。

一、二年の。

――そこで、昭和四十年三月、板柳中学を卒業して、就職しましたか。

はい。

――どこでしたか。

渋谷の「西村フルーツパーラー」。

――学校からの紹介ですか。

ええ。その、本人の希望としてはね、走りたい、という感じを持ってて、それで、グランドのある走れるところがいい、という感じで言ったんだけども、そういうところは何か、ないという感じのことをね、はっきり言わないけれども、いろいろ、パンフレット持って来るんだけどね、そういうところなくて、それで、「西村」、というか、ケーキの職人になった方がいい、という感じでいたから、それで、そこで、「西村フルーツパーラー」に決まったんだけどね。

——そこには、どれ位勤めていましたか、

四月に勤めて、秋位までいたと思います。

——秋位でやめたわけですね。

はい。

——何でやめたんですか。

いろいろあるけれども、まず、非行歴が向こうにわかっていたことね、中学時代の、それで、なまりがないでしょう、津軽弁、というなまりがないんで、そこに、中卒と、高校と、東北の人達がいっぱい来ていて、そういう人達の中では本人だけなのね、なまりがないのは、何年もいる人は消えているけれども、来てすぐ、なまりがないということでね、非常に、接待用語とか覚えるのがうまかったというか、早く覚えたわけね、皆よりか、それで、ケーキ工場に行かないで、一階のフルーツ店の方に残ってしまったわけ、それで、何というか、まず、本人の意思で残ったから、周りの上司とかは非常に喜んだけれども、なまりとかある仲間の連中、何か、おれを嫌いだしてね、それで、そのまま行く、というか、エリートぶるのをやめろとか何とか言われたのかな、それで、ええこぶるなというような感じのことも言われたりして、それで、ずっとそこにいて、その間、仲良しであった、やま君とか、いろいろやめて行った人も何人かいて、その夏位かな、新しく東急会館というものが出来て、そこ、今は、一階になっているけれども、最初は、あれ二階だったんですよね。その一番最初の時、本人と、あと遠藤さんという高校出の人と、赤松部長という人と、その三人が行ってね、その、東急会館の「フランセ」という喫茶店の、丁度、エスカレーターの前だったんだけれども、そこに店出してて、そこに配属されたわけなんですよ。それで、そこは、客が来ないわけ、二階で、果物店の二階ということでね、それで、何かやる気そがれてね、それで、夏でだるくなって、昼休みの時、寮に帰って寝ていたわけね、普段はしないんだけど、ぼけーっと立っているだけなんで、疲れて来て、夜は運動、というか、走っていたからそういうことになったかも知れないけれど、そこに赤松部長が来てね、どうしたんだ、という感じで、まずあったんだけども、その前にね、オレンジ一個盗まれた事件があったんですよ、そして、それが、おれがぼけーっと立っているからだという感じでね、赤松部長に言われて、それで、いろいろそういう窃盗の話があってね、おれはしたことないなっていう感じで言ったらね、嘘つけ、お前の田舎のこと知っているぞって、洋服盗んだこと知っているぞ、という感じで言って、そこでがーんと来てね、それからやる気そがれて、寮に帰って寝る、とかいう事件が起って、そして、もう一度、その、秋口前に配属替えがあって、新しく、その東急文化会館の陸橋の下の方にも支店が出来たわけ、その時、移動があって、そして、支店に戻ったんだけれども、戻ったら、知っている人、殆どいないわけね、それで浮上がったような形になって、それで、その、何というかフルーツを、箱に入って来ますね、その空箱があるんですよ、それを、その地下の方にね、前、一番最初来た時、本人にいろいろ仕事を教えてくれた青森市出身の、非常になまりのあるアメリカ人の二世なんだけどね、青い目をした人が地下の方に配属になっていてね、その人と非常に長く話込むというような形になってね、そこに藤田さんという係長が来て、上に行けとか何とか言ってて、そして、結局、又、本人しか空箱を地下に下げる人がいなくなって、それを繰返していたわけね、そうしたら、その中で、まあ、そういうことをやっていると首だぞ、というようなことを言って、ああいいですよ、という感じで、そこでけんかになったわけで、そこで、前その藤田さんが、たまったらすぐ、たまらせないようにするとかして、必ず下ろせと言ってたんじゃないですかって口答えしてね、何だその態度は、とかという感じで、けんかになってね、おれは地下の方、いいですよっていう感じで言っててね、じゃお前は首だっていうことで、ああいいですよ、という感じになって、それで、寒川部長とも話してね、いろいろやってて、社会、というか、世の中見て来なさいっていう感じでね、それで、まあ、首だと思って、本人は寮に帰ったわけね、そして、二百円位の金、持って、すぐ保のところに行ったわけなんですよ。

――お兄さんね。

うん。

――保さん当時どこにいましたか。

西荻窪の駅の近くの牛乳屋にいたと思うんです。

――結婚していたんですか。

いやいや、夜間高校に通ってて、それでやってててね、「西村」にも一度来たんですよね、それで、住所とか聞いててね、それでやってて。

――保さんのところに行って、どうなりました。

新宿に迎えに、行き方知らないから、行ったことないから、新宿で落ち合ったりしてね、それで「ともしび」とかの、歌声喫茶に行ったんだけど、そういう感じで新宿まで来てくれると思って行ったわけね、それでラーメン食べたら、二十円か三十円位しかなくなって、それで、とにかく入場券位しか買えないような状態になって、それで、新宿の駅の交番のおまわりさんに電話貸して下さいって言ったら貸してくれないわけね、だから、交替するまで待ってようと思って、そこにぼけーっと立っていたわけね、十時頃になっても交替しないから、入場券買ってね、それで西荻まで行ったんですよね。それで、入場券やったらおかしくなるからね、改札口通らないで、あの当時は高架線になってなくてただ、こう、有刺鉄線巻いてて、それをくぐって下に下りて、それで保兄貴のところに行ったらまだ起きてて、勉強してたのかな、それで上がらしてくれて、そして、とにかく寝なさいということでね、朝起きたら誰もいなくて、牛乳配達やっててね、それで、回して来たのかな、あれ、配達し終えて来て保兄貴が来て、そして近くの、定食店でご飯食べさしてくれて、それで、二百四十円か、九十円位かな、ばら銭くれてね、とにかくこれで「西村」へ帰ってくれ、って感じで言ってね、そこで、がっくり、というか、何か相談に乗れない、乗ってくれないという感じ持ってね……。

――あなたは、保兄さんに相談に行ったんですか。

そう。

――で、乗ってくれなかった。

うん、もう「西村」にいられなくなったって言ったんだけれどもね、とにかく帰ってろ、という感じで、言って、それで、寮に帰って、もうおれ一人で生きて行くんだっていう感じ持ったのかな、まあ、そういうはっきりした意思はなかったけれども、とにかく荷物をナップザックに入れて、海見に行こうと思ってね、横浜まで電車で行ったわけ。

——何のために海見たくなったんですか。

わからない、とにかく海見たら気持いい、というか、休まるからね。

——で、横浜にいった。

はい。

——横浜のどこから海、見ましたか。

横浜駅の、港の方の口から降りて、それで、ずっと港に行く方向へ歩いて行って、あれは、桜木町のほうに歩いて行ったのかな、それで、途中から、船がいる方向に戻って、そして、港、というか船のあるところに着いてね、その、昼の間は、人足、というか、当時、日雇いの労働者の人達が働いていて、それをずっと見ていたわけ、それで、いいな、という感じで見てたんだけど、夜、誰もいなくなってしまったわけね、それで寒くなったし、船の方、暖かいという感じで、思ったから、タラップ上がって行ったわけ、タラップって知らなかったけど、階段上がって行ってね、誰もいないから、煙突のところに行ってね、暖まっていたわけ、それで、その近くで寝てたら、次の日になったのかな、出たら、周りに人がいっぱいいいて出られなくなってね……。

――日本人でしたか。

外人とか、いろいろいて。

――それ、外国の船だったんですか。

はい。

――それで、外人に見つけられて、どうなりましたか。

見つけられたというか、出ていけないわけ、人がいっぱい、いるから。

――まだ見つけられないわけね、で、どうしました。

それで、夜になって、降りてね、パンと牛乳買って来て、缶詰とかも買って来てね、それで、寮に五百円残していたんだけど、それとかも、全部使ってしまうような感じでね、そこにいてしまうという形で、それで、人が来るようになったから、救命ボートですか、あれの中に入って、あそこは見つからない、という感じでもって、そこに隠れていたんですね。

――何のため、船の中の救命ボートに隠れたんですか。

何のため……、密航しようと思ったのかな、どこかに行きたい、というか……。

――外国に行きたいと思ったんですか。

外国……、はっきり意識してたのは、中学時代、『チコと鮫』という映画見てて、南海の島に行きたいっていう希望持っていたわけね、そういう感じ持ったのかな、とにかく、人のいないところへ行きたいという感じもあったし。

――そして、その救命ボートの中で寝ちゃったわけ。

そう。

――目がさめたら、どこでした。

海の上。

――青い目の人に、いずれ、見つかったろうね。

とにかく、外国に行くんでしょうね、って感じで思っていて、それで、夜、寒くてね、とにかく、ある物を全部着てね、それで、どこかに、泊まったわけなんですね。あとで名古屋、って知るんだけど、名古屋港に泊まって、一泊したのかな、そこから出て、食べる物がなくなって、ふらふらした感じで、吐いてね、黄色い胃液も、全部吐くという感じで吐いて、倒れていたわけです。そこで見つかったわけ。

――名古屋港停泊中に。

いや、出てから。

――どうなったんですか、見つかって。

日本に帰れないと、それで香港まで行くと。

――それは、一体、どこの国の船でした。

ノールウェー……。

――デンマークじゃなかったかな。

うん、デンマーク。

――勿論あなたは知らないで乗ったわけね。

はい。

――当時のあなたは、年は、満十五歳のようだね。

十六歳じゃなかったかな。

――ああ、十六歳か、そうだね、それで、日本に帰れないと、次はどこの港に着きましたか。

次は香港。

――そこから、強制送還になったんですか。

はい。

――勿論見つかったあと、飯は食わしてもらいましたね。

うん、香港に行くまではね、日本人の女の人がいて、何か、機関士とかの、何というんでしょう、船の中だけの妻、という形の人がいて、その人が通訳してくれて、その人がいたから、いろいろ食べられてね、あの……何というかね、中国人が料理しているんだけども、香港人でしょうが、皿持ってね、コックのところまでもらいに行くわけ、頭下げて。

——じゃ、日本にいる時より楽だったわけね。

楽というか……、それは、差別といったら差別なんでしょうけれども、こっちとしては、飯はいいしね、いいな、と思ったけれど、着いてからが大変なんだ、誰もいないわけ、コックも全部上陸してしまって、それで、親切だった機関士も上陸して、飯、二日程食べれないわけで、卵焼二個、朝食べさせてもらって、そして、その頃かな、インド人がおれの見張りとして二人来て、老人の人が、こう、何て言うんでしょう、薄いパン粉をひいたやつでね、それに辛い、辛いカレーを巻いてね、食べる、そういう食事さしてくれたんだけれども。

——そして、強制送還されて、又日本に戻りましたね。

はい。

——その次、忠一お兄さんのところに行きましたか。

ええ。

——場所はどこでした。

栃木県の小山市。

――忠一さんは、そこで何をしてました。

そこには養子になってて、養子の家から殖産住宅かな、宇都宮に通勤していたんですね。

――忠一さんのところに行って、あなたは何を始めました。

しばらくしてて、忠雄兄貴もね、その、何か、養子に入ってたみたい、その頃、田口っていったかな、そういうところに養子に入ってて、子どもが生まれてて、そこの家にも行ってね、そして、そういう中で、兄貴の世話で、忠一兄貴の世話で宇都宮の郊外のなんだけども、「高橋板金」って言ったかな、そこに勤めたんです。

――その「高橋板金屋」には、どの位勤めましたか。

一、二ヶ月いたかな、やめたのは、というか、その人達は割と親切にしてくれたんだけれども、忠一と忠雄ね、養子先に帰らないでとにかく、その、夜が遅いわけ。それで、ある時、おれも彼等に連れられて行ってね、小山の駅前のマージャン屋なんだけれども、賭マージャンやってるのね。

——つまり、ばくちだね。

千円札何枚も動かしてね、それ見てると無性に腹が立って来てね、板柳にいた時、おふくろ倒れて、その、おれがぐれていた時ね、上京する前ね、忠一兄貴とかに手紙出しても便りもくれなかったわけね、それで、こんなことやっていたのかって無性に腹立って来てね、で、その少しあとかな、勤め先に行って、ご飯は、向こうで、どか弁、というのかな、大きな弁当で出してくれて、で、近くのお惣菜屋でおかず買って、そして食べていたんだけど、それ食べないで捨てて、そして、昼上がって、そして、ずっと歩いて、宇都宮の方まで歩いて行ってね、それで、交番、というか、あれ、東上線の駅かね、宇都宮の交番見えたから、近くの、駅が右にあるとすると左側を通ってて、その左側の肉屋さんだったかな、おやじさんがぼけーっと立ってて、それで、ずーっと入って行ってね、レジっていうんですか、ガシャンとやったわけね、それで、向うの人がびっくりして、それで、おれを見ると同時に、泥棒って言って、それで、おれが逃げ出して、東上線の駅の交番の方まで逃げて行ったんです。

——交番へ逃げたというのは、何故ですか。

捕まるため。

——何のため、捕まえてもらいたかったんですか。

だから、兄貴達にね仕返しする、復讐するんだという感じでね、捕まって困らしてやる、という感じでね。

——それから、どうなりました。

交番の方に逃げて行って、そこに刑事がいてね、刑事に捕まえられて、すぐ交番に入れてもらって、あの、背広着ていたからね、初めは大人だと思ってたんだって、それで、ものすごい乱暴な扱いを受けてね、それで、ずっと調べて行くと、全然お金とってないと、それで、最終的に、お前馬鹿じゃないかと、左の方へ走って行ったら楽に逃げられるのに、何故交番の方まで逃げて来たのかと、馬鹿じゃないかと、気違い、という感じで言われてて。

——あなた、それで、わけ話しましたか。

いや、話さない。

——話さないの。

うん。最初、二日間黙秘してたわけね。

——そんなに、留められたの。

二日か、三日位、一晩は、とにかく黙秘して、何も言わないでね、それで、住所も何も言わないで、それで、二日目に、牛乳とパン出されてね、それで、ほろっとしてね、住所とか言って、兄貴のところにいるとか言って、それで、扱いが変わって来てね、少年だということと、お金何もとってないということと、それで、すぐそのあと、少年鑑別所ですか、あそこに移送されて、それで、そこでいろいろテストやったのかな、そこに忠雄兄貴が来てね、離婚したと、お前のためだとか言われて、それで又、板金の高橋さんというおやじさんが来てね、おれが引取るから出るか、という話で、忠雄兄貴もそういう感じで出ろっていうからね、出て、その審判日ですか、その時、その高橋のおやじさんと、忠一兄貴が来ててね、で、小料理屋みたいなところで、重箱、ですか、ご飯食べてね、それで、一ヶ月位して、暮になって、それで、外の人とかに、全部ボーナスとかやっているのにね、おれだけにくれないという感じがあってね、で、何故かって言っても、向こうは全然答えないから、おれ出て行くって、そしたら忠一兄貴が来てね、それで、お前何言ってるんだって具合でびんたされてね、殴られてね、で、お前みたいなのに殴られる覚えないって感じで出て行こうとしたのね、そしたら、その時衿首摑まれてね、そして戻されて、そこで説教されてね、向こうも事情があるんだ、という感じで言って、それで、そこから小山に帰ったわけ。

——小山に帰ってから、もう、いっそのこと死んでしまおうとしたのではなかったんですか。

いや、その時はまだない。

——小山に帰ってから何やりました。

何やるって、そこにしばらくいてね、で、いや味言われた、忠雄さんはね、忠雄兄貴のこと、忠雄さんはあなたみたいに迷惑かけなかったって、それで、向こうも困っていたんでしょうね、奥さんも内職やっていてね、そして、ご飯も食べるでしょう。食べるって言っても、三杯位も食べるでしょう。そういう感じで行ってて、段々、段々文句言われ出して来てね、あの、忠一の養子に行ってた親にもね、そこの家の、言われて、それで、いられないと思って、家出したんですね。

——どちらの方へ。

とにかく横浜へ行って、海の方というか、海のあるところ、ずっと歩いて行く、というか、ヒッチハイクやってね、それで、熱海位から、大きなトラックで、大阪の方に行くっていうから、それに乗せて行ってもらったわけ。

——知らないトラックね。

そう。

——ちゃんと乗せてくれたわけ。

ええ。

——どこまで行きました。大阪まで行ったの。

いや、いや、守口の前位まで、そして降ろしてくれたと思うんです。ここからお前一人で行けと。朝になったし、という感じでね。それで、そこから、ずっと歩いて行って、大阪駅まで行って、そこで夜になって、どうやって暮していいかわからないから、とにかく職探そうと思ってうろうろしてて、相当、立ってたのかな、大阪駅の構内に、で、どういうふうに声かけたのかな、今思い出せないけれども、とにかく、四国の横田さんという人がね、何か、米の集金をやりに来た人で、その人が声かけて来てね、で、仕事探してるんだって言ったら、どういうわけで、ってという感じで、ずっと事情を聞いて行って、小山から来たということとね、誰もこちらに知合いいないって言って、非常に同情してくれてね、近くの旅館で泊まって、翌朝、飯も食わせてくれてね、それで、集金先、ずっと回ったのかな、一緒に、それで、職探してくれてたのかどうかわからないけど、夜までそういうあれがなくてね、とにかく、夜、もう一度、大阪駅の近くの料理店みたいなところの二階に入って、そこに、あとから知るんだけれども、大きな大阪の米問屋の若社長みたい、といっても、四十位なんだけれども、その人が来て、職探してやる、ということになってね、その人に連れられて、守口の「南野米店」へ行ったわけ。

——で、その米問屋へ就職出来たわけですか。

ええ。

——それで、そこへ勤め出して、うまく行きましたか。

うまく、というか、それが、最初からね、何か、こう、五階位まであってね、二階に、最初、さかいという人と住むことになったんだけれども、その、さかいという、二つ上だったかな、その人が持っていた貯金通帳を、おれに盗まれるといけないからって、何か、奥さんが預かるとか言ってて、その、さかいという人は、お前、ごっつう悪く思われてるぞ、という形で言って、あ、これは、すぐやめなきゃいけないのかなと思って、そういう感じでいたわけね、それでも、その後、別に何ともなくて、それで勤め出して、一ヶ月位したのかな、戸籍謄本とってくれということになったわけ、それで、どうしていいかわからないから、忠一兄貴のところへ戸籍謄本を求めているから送ってくれって感じで出したわけ、そしたら、全然連絡なくて、一ヶ月位待ったのかな、それで、今度おふくろの方に、向うが催促するから又出して、そこで送ってくれたのかな。

——そして、それを見た。

はい。

——そしたら変なことが書いてあったわけね。何と書いてありました。

網走市呼人番外地、ですか。

――呼人、番外地生まれと。

そう。

――それ見た時、あなた、どう思いました。

丁度、高倉健の『網走番外地』シリーズやっていて、それで、映画と同時に、高倉健の歌で『網走番外地』がはやっていてね、それで、びっくりしてしまったわけね、で、刑務所と間違われると、刑務所と思ったわけね、とにかく、番地つけてくれってことで、もう一度、それ、番地つけて送ってくれって、おふくろに言ったわけ、それで、なかなか来ないで、そういう中で、役場の人がね、おふくろの手紙の中に断り状みたいなものを入れて来てね、とにかく、わかるけれども直せないんだと、無番地とかはね、板柳でもあると、それで、橋っていうか、川の砂洲の中にある、橋の下とか、砂洲にある家とかには番地がなくて、板柳でもあるんだと、日本のどこに行ってもあるから、別にどうということはないんだ、という感じで言うわけね、ところが、網走番外地、になるわけね、どうしても読むと。

――そのように、自分は刑務所で生まれた子だと思ってしまったんですか。

そう。おふくろにも聞いたわけね。おれは刑務所で生まれたのかと、おふくろは、それに何も答えなかったんじゃなかったかな、要するに、漢字とかも混ぜて書いたから、あまりよくわからなかったかもわからないけど、カタ仮名しか読めないから、とにかく、本人は、その、刑務所で生まれてしまったと思ったわけね、それで、それを出せないでね、さかいがやめて、一度、一階の誠ちゃんと、当時二十一歳だった、ハゲというあだ名の人の部屋に一緒にいて、さかいがやめてから今度は三階の方に移ったわけ、何か、新婚さんとかから苦情が来てね、さかいが、何か、壁を通じて聞くらしいんだよね、それで、隣の話とかをね、それとかがあって、三階に移っていたんだけれども、マンションになっていてね、その三階に本人一人だけが住むようになったわけ、その部屋の抽斗のずっと奥の方に入れておいたんだけども、奥さんが掃除に来るんで、その時見たんでしょうね。

――戸籍謄本を見たのね。

はい。

――それで、あなたが、自分の生まれは網走の刑務所だと思い込んだのは、その時が初めてなんでしょう。

ええ。

――そうしますと、あなたが隠しておった、その網走番外地の戸籍謄本は、「南野米問屋」に見られちゃったわけですか。

はい。

――その後で、雇い主の態度、変わってきましたか。

そう。何て言うか、奥さんが皮肉言うようになってね。

――どういう皮肉。

本人が、こう、歌うたって下へ下りていくでしょう。そいで、彼らの一階の（一）〈居〉室であると同時に、食堂にもなってるんだけど、そこのドア開けるところまで鼻歌とか本人が歌っていくと、あなたはいいわね、さかいよりはって。歌うたって必ず来るから、なんて言って、要するに今までおれのことをうわさしてて、それを急にやめたんだという態度を取ったりね。その中で、両極端になったんですよね。長男が非常におれのことを目をかけてくれるようになったわけね。その人は、四月に、一月ごろから勤め出して、四月かな、四月ごろ上京するんだけれども、どこの大学かわからないけれども、大学入学のために上京していなくなってしまうんだけれども、その人が非常に面倒見よくなってきてね、おれのことをいろいろと心配してくれると同時に、四月になると、さかいっていう人が辞めて、その代わりでもあるように、誠ちゃんの、二歳ぐらい下の中学卒業したばかりの後輩が、九州、鹿児島の人だったんだけれども、上京してきて、そして、何て言うか、鹿児島県人の中に、女の二十二、三ぐらいの人と、そのハゲという二十一ぐらいの人と、それで、誠ちゃんね、おれと同級なんだけれども。

——誠ちゃんて何者ですか。

同僚。その誠ちゃんと、そしてその新しく入ってきた人、全部鹿児島県の出身なんですよね。その中で、彼らだけに通じる言葉を使ったりして、それでおれだけが除け者になるということが非常に多くなって、そういう中で奥さんやその二十一歳のお嬢さんが皮肉言うようになってね、写真写したら非常に写りがよかったからね、どこのぼんぼんやとかいう感じで言うような中で、おやじさんは、「南野」の大将は、永山というのはどこの馬の骨だかわからんということを言ってると、誠ちゃんが言ったりね。で、誠ちゃんはさかいから安く分けてもらったギター、弾けないのに『網走番外地』、歌い出したりしてきてね。

——それはあなたをからかうためですか。

よくわからないけれども、新しいのが来たから余ったという感じになったのかな。それと同時に、今までよく配達してたものが急激に少なくなってね。行くところというと、かどやという食堂店とか、あるいはパチンコ店とか、近く——近くといっても、おやじさんが、「南野」の大将が床屋やってるところに米届けてね、そういう感じの配達し出してきて、極端に仕事が少なくなって、ぼけっと立って店の中にいることが多くなって、そういう感じでいるようになったんだけれども。

——で、結局、そこも辞めましたね。

はい。

——それはどうしてですか。

だから、居づらくなったというか。

――白い目で見られるようになっちゃったわけですか。

うん。ショックだったのは、まずその「南野」の弟さんが郊外のほうにいて、そして、その「南野」のところに通ってくる女の人ね、鹿児島の二十二、三の人が、その弟さんとスーパーの中で米屋をやってて、開いてて、そこに本人が手伝いに行って、そして、自転車で一人、五万だったかな、七万だったかな、五万だと思うけれども、五万をその一万円でやったわけなんですよね。

――五万円を一万円でやったって、どういう意味。

一万円だったかな、要するに、大きなお金であったわけね。それを細かいお金に交換しに、その五万円を持って「南野」の本店のほうに、一人だけ帰ってきたわけ。それでまた行ったんだけれども、その女の人と、帰ってきたら、そのハゲという人が、後からなんだけれども、その人が、こいつは三万円が限度なんだと。そうやって大将、言ってたと。だからなぜ五万円も持たせるんだって、その女の人に怒るわけね。それで、何て言うんでしょう、非常にショック受けるっていうか、その後に、風呂場でこれ（左頬を示しながら）はほんとにけんかの傷でないのかって確認し出してきたりなんかしたりしてね、そして、米を二階にいる、マンションだか、その中に届けるわけなんですね。区役所の食堂のところに行ったら奥さんというか、大将に言われてその米届けに行った、十キロぐらいかな。もう、おれの顔見てバッと閉めてしまうのね。米持ってきたんですけどと言っても開けてくんないわけ。

——それは、なぜだと思いますか。

要するに、前科者とか、そういうことで差別してたのかな。それで、何て言うか米をドアの下に置いてくるしかないという感じで。で、大将にそれ言っても、ふうんって、聞き流すような感じで、そういう感じで、だんだん、だんだん居づらくなってね。

——それで辞めた。

はい。

——辞めるときに、雇い主はお給料をちゃんとくれましたか。

もうあと一、二週間でボーナス出るというときだったんだけれどもね、夏前で。それで、そこまで勤めていいんだけれども、ボーナスもらってから辞めるというのは、何か気がひけてね。それで大将に辞めるって言ったら、その、おれを紹介した人のことを考えろって、一応、口で言ってね、あと、上を整理せいという感じで言ったりしてね。それで、貯金、どうするんだって言って、それで印鑑と通帳を渡すから、定期貯金、あの当時、四万ためてたんですよね。それで、その四万と、その貯金通帳の印鑑を交換してもらって、そして給料一万五千円だったんだけれども、途中だからって、八千円かな。それを、一万円もらったのを八千円まで取ってしまったのかな。それは日曜日ごとに五百円とか三百円とか、食事代としてもらってたんですけれども、日曜日は奥さんは食事を作らないからね。その代わりとしてもらってたんだけれども、それをごっそり引かれてしまってね、八千円ぐらい。それで、すごく言われるんだけれども、それはおれじゃなくて、それ、全部返して、あと、こちらは借りはないという状態になったとき、八千円取られて、誠ちゃんに、というか、同僚に、千円貸してるからね、本人がね、それを返してくださいと言ったら、うそをつけと言われて、うそを言うと承知しないぞという感じで言って、取りあえず誠ちゃん呼んでくださいという感じで、誠ちゃん呼んで、誠ちゃんは千円借りてると言ったら、誠ちゃんがものすごい怒ってね、それで食事しないで、夕方、二階に上がって整理してて、出るというとき、ハゲという人が来てね、背広着てたわけ。入ってきたときジャンパーだったんだけど、おまえ、そんなの着てなかっただろうと。盗んだのかという感じで言ってね。それで、「西村」で作った背広なんだけれども、その名前をちゃんと書いてたんですよね。付けてもらってたんだけれども、それを見てようやく、ああ、おまえんだなという感じで初めてそういう顔をしてくれたんだけれどもね。

——結局、辞めるとき、手にした金、なんぼでした。

四万三千円くらいだと思う。

——給料は、月一万五千円だと、今、おっしゃいましたね。

はい。

——その月々の一万五千円の中から、あなたは青森県の実家に仕送りをしていたのではなかったですか。

はい、三千円、してました。

——お母さんに。

そう。怒られる理由は、一番怒ったのはそれだったんですよね。というか、「南野」の大将は現金封筒で送りなさいと言うわけね。こっちはそういうことは面倒臭いというのと、照れ臭くて、普通の封筒に三千円入れて順子あてに送ってたんです、おふくろ嫌でね。それで、それはおれを刑務所で生んだということもあったかもしれないけど、それで三千円入れて送ってたんだけど、それを大将は信用しないわけ。おまえ、何かほかのことに使ったんだろうということでね。それで、本人は誠ちゃんよりも貯金率が高いわけね。誠ちゃんはあの当時、十万円ぐらいなんだけど、もう一年以上いるわけ。一年以上というか、それ以上いたかもわかんないんだけど、そういう感じなのに、どんどんどんどんたまっていってね、そういう中でのしかるということだったんだと思うんですけれども、要するに、とにかく送ってないと思ってたんでしょうね。こっちは三千円送ってると。

——で、結局その米問屋を辞めまして、また東京に戻ってきましたね。

はい。

——次は東京の喫茶店に勤めたんでしたっけ。

はい。

――どこでした。

東池袋の「エデン」という駅前の喫茶店だと思います。

――そこへ勤めて、どうなりましたか。

で、その勤めたとき十七歳でね、それ、ちゃんと書いてたんだけれども、履歴書にね、で、後で、勤め出してからそれ言うようになってね。だけれども、まあいいでしょうという感じで、マネージャーが言ってね、だけども、後で、一ヶ月ぐらいしてからかな、保証人がどうのこうの言い出してきてね、未成年だからとか、何とか言い出してきて。それで、そこでまた保証人とか戸籍のことを言い出してきたからね、提出してくれって。それで嫌んなってしまって。

――戸籍謄本を出せと言われたんですね、勤め出した途中で。

（うなずく）

――で、それを出せば網走番外地がばれると、あなた、思ったわけ。

そう。

——やむを得ず、辞めたわけですか。

（うなずく）

——せっかく働いたのに、その分の給料は。

そのまま。

——もらわずに。

（うなずく）

——辞めた。

（うなずく）

――その次、どこかのレストランのボーイになりましたね。

はい。

――あれはどこでした。

東京エアターミナル。

――羽田空港ね。

そう。

――ここはどうなりました。

そこも勤めて二ヶ月ぐらいしたのかな、そしたらまた保証人とか戸籍謄本を提出してくれっていう形で、今まで、仮の社員だったのかな、それを本社員にするからそうしてくれという感じのことを言ってきたんだけれども、またそこでもぐずついてたわけね、出さないで。そうすると、これ（左頬を示しながら）やくざの傷だろうとか、オーダー取って出しても遅くして、嫌がらせという感じでやったりして……。

——やっぱり戸籍謄本その他のことで、辞めざるを得なくなったわけですか。

そう。

——その当時、本当に網走市呼人番外地が刑務所の意味なのか、どこかでしかるべき人に聞いて調べようとか考えなかったですか。

というか、そういう人いなかったし、それで兄貴もいなかったわけね。それで本人がもうそうだと思ってしまってね。

——もう頭から、刑務所生まれだ、刑務所生まれだと、もう思っちゃったわけですか。

そう。

——羽田空港レストランボーイの次、今度何になりましたか。

そこ出てね、栃木にいる小山の兄貴のところに行こうと思ったんだけれども、なかなか行きづらくてね。それで、うろうろしてて、お金もなくなってきて、それで、浅草の観音様の所に行ったら、片腕のない、帽子かぶった人が、アメリカ人の水兵かな、二人を案内しててね、英語で。それで、ずっと見てて、英語が、こっちから見たらうまいわけね。ペラペラしてて。ああ、あの人の弟子になろうと思ってね。

——何でまた、片腕の男の弟子になろうと、とっさに思ったんですか。

いや、英語がうまいという感じでいたし、それに、どこかに勤めなくちゃいけないと思っていたしね。それで片腕の人だと、ほら、傷あるでしょう。そういうことを余り言わないいんじゃないかなと思ってね。

——そして、片腕の弟子になったわけですか。

うん。

——片腕さんは、ちゃんと弟子にしてくれたわけ。

弟子にしてくれました。それで、その水兵二人とこの片腕さんと本人と四人で近くの喫茶店に行って、いろいろ話して、どうしたんだって。それで、勤め先探してるんだと。親兄弟はいるかって。もう、ああいうことあるから、いないという感じで言ってね。そしたら「うん」という感じで。そこで、水兵二人、帰っちゃったのね。それで、おれについてこいと。それで、タクシー乗って連れられていって、あれは今思うと、日本堤、その辺だと。要するに、吉原の周辺の所だと思うんだけど、その木賃宿というのかな、いっぱい間借りしてる人が、四角い借り部屋だったんだけれども、そこの中に住んでる夫婦のところに連れていってもらったわけ。で、片腕の人は、おれの兄貴分だから、この人に面倒見てもらいなさいということを言って、それですぐ帰っちゃったのね。その人は。で、こっちは片腕の人に弟子になったのになという感じでね。で、すぐポロシャツとかズボン、着てたんだけれどもそれを取られるという感じで脱ぎなさいと言って、すててことダボシャツというんですか、あれと、腹巻ね、茶色の腹巻にさせられて、それで、夕方からおでん買いに行ったんですよね、おでんの具。こんにゃくとかね、卵とか。要するに、おでん屋さんの手伝いなのかという感じに思ってたわけ。それで、すぐ二日めぐらいから、やくざだってわかったんだけれどもね。その筋の人、入れ墨つけてる人が、その近くに出入りするわけね。それで、まだそのとき全然わからなくてね、それで二週間ぐらいめかな、そのころにその兄貴の奥さん――姉さんと言ってたんだけれども、その人のそばで、その人がいなくなると見張りやってたんだけれども、ほかの人のね、優しくしてくれた、もう一人の姉さんみたいな人がいて、その人の見張りやってるとき、帰ってきたとき、何やりに行くんですかと言ってて、ああ、あなた知らないのねという感じで言ってってね、ここは長くいる所じゃないと。その当時、彼らの間では、ぼくちゃん、ぼくちゃんと自分は呼ばれてたわけね。で、ぼくちゃんは長くいる所じゃないから、どこか行ってしまいなさいという感じで言って、それでそういう感じで、完全に売春をやってて、やくざ組織にいるんだなと、そこで初めて思ったわけ。

――結局、あなたは売春の見張り役をやらされてたわけですか。

だと思う。要するに、おでん屋やってたんだけれども、タクシーの運ちゃんが来てね、客を引きに来て、連れてきてね、それで、そのいなくなるとき、おれが突っ立ってるわけね。そういう感じで、あと、兄貴の子どものお守りしてたり、そういう感じでいたんだけど、そして、そういうこともあったからね、早く逃げたほうがいいという感じになって、それで、給料残してるから、エアターミナルにね、給料もらいに行くからと言うと、千円と、ちゃんとした半袖シャツくれたり、ズボン貸してくれたりしてね、それで出させてくれたわけね。

――売春の見張りというと、売春の現場を警察が押さえないようにするための見張りですか、後で考えたところによると。

いや、そうじゃないと思う。すぐ四つ角の向かい側に警察署があるのね。そこの反対側に兄貴の奥さんがおでん屋の屋台を出してるんだけれども、そういう屋台がその周辺に、角に五、六個あるわけね。で、必ずそういう人がいて、おでんの屋台を見張ってるという感じかな。

——屋台を盗まれないように見張る役。

うん。そうもあるんでしょうけれども、それは今考えると、警察が来た場合に屋台をやってるんだという感じで突っ立たしておくんだと思う。

——で、そこをまた辞めて、次にあなたは自殺しようとしたのではなかったですか。

エアターミナル行って、それでまた上野に帰ってきて、それで兄貴のとこ行けなくてね。それで、うろうろしてたわけね。それでお金もなくなってきて、使って、映画とか見て。それでとにかく宇都宮というか、小山のほうに行く電車に乗って、それで途中からお金ないわけなんですよね。それで、どこなんだろう、とにかく小山の前近くの駅で車掌に見つかったわけなんです。切符持ってないで乗ってるということで、途中までの。それで車掌室のほうに連れられていって、それで近くの座席に座っていなさいということで、いたんだけれども、車掌がずっと向こうに、遠くに行ってしまったからね、止まったときホームに出て逃げたわけなんですよね。それでホームからも追われたんだけれども、逃げて、で、道路に出て、それでちょうどそういう方向の運転手がいて、四輪トラックだったけれども、その運転手に乗せてもらって、それで行ったところが、華厳の滝のある日光なんですよね。

——日光まで行った。

はい。

——それからどうしました。

で、途中でその運ちゃんが、いろは坂になる手前で、ここから降りて君一人で行ってくださいという感じで、降りて、それでずっと歩いてたら、後ろからタクシーの運ちゃんが来てね。それで、いいって断ったのに、その本人が断ったのに、いいから乗りなさいということで、助手席に乗せてくれたわけ。それで何も聞かないでね。ずっと上がっていって、それでその車のタクシーの経営所の前で止まって、それで近くにおまわりさんいる駐在所があって、降りると同時に本人はその華厳の滝のほうに歩いていこうとしたら、そのタクシーの運ちゃんが、もう、発見というか、乗せたときから思ってたんでしょうね。自殺者だという感じに思ってて、それでおまわりさん呼んできて、すぐ保護されたわけ。

――そうすると、あなたはそのとき、よたよたとでも歩いていたんでしょうか。

だと思う。靴も汚かったし。

――そして、交番に保護されたわけですね。

はい。

――そこへお兄さんの忠一さんが、その後やって来なかったの。

(うなずく)ジープで、あれは日光市かな、いろは坂の下のほうにある警察署のジープが迎えに来て、そこまで迎えに来てくれたんです。

――で、あなた、忠一さんにまた引き取られそうになったわけですか。

はい。

――途中で逃げたんじゃなかったですか。

いや、小山に帰って。

――帰ってから逃げたわけ。

逃げるというか、そのときはまだいて、それで向こうの人もそういうような自殺するとか何とか言われたせいかも分からないけれども、余り強く言わないのね。だけれども、前があるから居づらくなって、それでそこでもこう、手首切るようなことやって、それで寝させてもらったりしたんだけれども、そういう中でまた家出する形で出たんですよね。

――どこへ逃げました。

横浜。

――横浜で何してました、今度。

桜木町の下りてくるとき、手配師というのかな、初めてなんだけど、その手配師の人に仕事やらないかと言われて、それでやるということでその人についていった……。

——何の仕事でしたか。

沖仲仕。

——日給なんぼぐらいでした。

日給千二百円くらいだと思ったんだけれども、そういう身なりしてなかったし、それで初めてだということすぐ分かったみたいで、おまえ、寝方やれと言われたわけです。

——「寝方」って何ですか。

人数は、その人数でやったということにして、それで現場近くでほんとに寝てるわけね。寝てるというか、そのときは、おれは全然知らなくて、ちょいちょい着物汚れるんだけれども手伝ってたんだけれども、鉄くずとか移してたり、そういう感じの仕事だったんだけれども、そういう、やらなくていいという感じで何回も止められて、それで途中からぼけっと見てたんだけれども、そうやって仕事をやらないでそこにいてね、日給もらうときだけ会社とかもらいに行って、その袋のまま、その親方さんに渡して、そのうちからなんぼかもらうわけね。多分、五百円くらいもらったと思います。

——つまり、親方が水増し請求するための員数合わせのための、単なる名前だけの労働者という意味じゃないですか。

そう。

——で、結局、親方がもうけて、あなたのほうにはほんのちょっとしか来ないわけですか。

そう。

——なんぼくらい来ましたか、あなたのほうに。

五百円くらいだと思う。

——一日。

（うなずく）

――それじゃ、あんまり割のいい仕事じゃないね。

（うなずく）

――間もなく、辞めましたね。

うん、一回だけで辞めたもん。働かしてくれないし、ほかの人、千二百円ぐらいもらってるのに、なんでおれだけ、と思って。

――一回で辞めて、その次、横須賀に行きましたね。

はい。

――何しに行ったんですか。

山下公園行って、海見てて、それで……。

——山下公園。

横浜の。そこから、もっときれいな海を見たいという感じで、それでずっと、もっと外のほうに行くと、そういう所あるという感じで、横須賀、行ったんです。

——そして、横須賀のどこにいましたか。

駅降りて、港みたいなところ、真っすぐあって、それで街のほうにずっと歩いていって、そして三笠公園のほうに行ったのね。

——米軍基地に入りませんでしたか。

はい、入りました。

——何のために。

というか、昼見てると、カービン銃持って立ってるんですよね、兵隊が。それで日本人でないからね、向こうがね、入っていったら撃たれるんじゃないかと思って、それで自殺しようと思ってたんですよ。それで夜入っていったんです、越えてね。何て言うか、普通に歩いてたら当たるかもしれないけど、夜と、とにかく朝までいれたわけ。ぐるぐる回ったりしてね。それで朝になって少し寝てて、その機雷置場、本体はないけれども、中に爆発物はないけれども、要するにドームになっててね、そういう感じの人がいない所に行って、そこの間に入って寝てて、それで昼になってそれで要するに沖まで泳いで行って、そういうことをやってて、いたんだけれども、逮捕も何も誰も来ない、声かける人がなくて、それで何て言うのかな、入るとき三笠公園のところにズボンとシャツを置いておいたわけなんですよ、隠してね。そこにもう一度帰って、これ、何でもないから出ようという感じで、帰ったらそれがなくて、それで海水パンツだけになってしまったわけね。お金とね、千円ぐらいの。それで街のほうに行ってズボンだけ買ってきたわけね。それでその前にもう一度戻って、シャツを、あれは消防スクールかな、そこのところで盗んだんですよね。そして、戻って、ズボン買いに行って、そしてもう一度基地の中でぐるぐるやって歩いてたわけ。そういう中で逮捕されるか何とかしようという感じで、腹も減ってきてたし、それでＭＰ本部の脇の自動車部品の販売所かな、そこ、こう、大きなガラス戸があって、それを大きな石でバーンと割ってね、割っても誰も来ないのね。それで、中に入っていって何も取らないでガタガタやってて、それで出てきても誰も何も来ないと。で、ずっと歩いてまた機雷置場のほうに行って、その少し脇に装甲車がある小屋があって、そこに必ず見張りがいてね。そこに金網越えて入っていったわけね。そして、そこで逮捕されたわけ。

——ＭＰによって。

いや、ＭＰじゃない。若い見張りの人、私服着てた。

——アメリカ軍。

そう。

——じゃあ、あなたは、さっきの話だと、このアメリカ軍のピストルで殺されてもらいたいと思って入ったわけですか。

そう。

——あるいは、逮捕してもらいたいという気もあったか。

というか。

——今、ちょっとそんなこと言わなかった。逮捕してくれるのではないかと思ってたというようなことちょっとおっしゃったな。

うん、それもあるかもしれないけど、その腹減ってきたときね。

——腹減ってきたときは逮捕してもらいたかった。で、その前は殺してもらいたかったわけね。

そう。

——なぜ、殺してもらいたかったんですか。

だから、また勤めるとかすると、戸籍のこととかあって、もう嫌だっていう感じでもって、大阪でもうこりごりだという感じを持ってて。

——で、結局殺してもらえず、ただ、最後は逮捕されたと言ったね。

（うなずく）

——逮捕されて、どこへ連れていかれましたか。

まずＭＰ本部のほうに車で行って、それで、ガラス割ってるでしょう。そういうところで器物損壊とか盗みとか、シャツ盗んでたから。シャツと消防学校にあったドルとかね。それ、全部押収されて、そして、そこにいると日本の警察が来てジープで横須賀中央署に連れられていったわけね。

——その横須賀中央署で、留置場で出会った人が、前回、あなたの証言に出た、斎藤則之君という東大の学生ですか。

はい。

——斎藤君は何か、デモか何かで逮捕されていたんですね。

はい。

――で、前回あなたの供述によると、留置場の中で、何とか定時制の高校に行って勉強しろと言われたと言ったね。

夜間高校。

――それから、戸籍などはなんぼでも変えられるんだぞということも教えてもらったと言ったね、前回。

はい。

――そこで、あなたも希望を持ったわけですか。

はい、もちろん、生きようとしたわけね。

――死ぬのをやめて、今度は生きようと。

(うなずく)

――で、結局、そのときの事件で、鑑別所まで連れていかれましたね。

はい。

――保土ヶ谷でしたかな。

はい。

――そこで、リンチ受けませんでしたか。

受けた。

――大体、ああいうところに入ると、リンチ受けるんですか。

よく分からないけど、おれの場合は、昼に体操やったわけね。それで、先生がおれを指定して、おまえ、声かけろと言って。それでなんか同じ部屋の人たちに聞くと、声が小さいって言われたのね。それがそのままリンチの――。

――そうね、あんまり大きいほうじゃないね、声は。

（うなずく）何度も、もっと大きい声出せと言われて、二、三度ほどやって、それで声出して、それで体操やってて、その後なんですよね。夜、やられて。

――その事件の後で、今度はクリーニング屋さんに勤めませんでしたか。

はい。

――何ていう名前の店。

荒田誠司とか何とかいったな。

――それは、家庭裁判所からの筋で預けられた先じゃなかったですか。

はい。審判のときね、保土ヶ谷鑑別所でやったんだけれども、そこに、おふくろと忠雄が来てね。それで「エデン」に勤めていたというか、池袋に勤めていたということを言ったら、おれが近くにいたんだと。なぜ訪ねてこなかったのかなんて言うんで住所も何も教えないでという感じで思ったけれども、とにかく、今度何かあったら必ず訪ねてこいという感じで、それでおふくろと帰っていって、そこで勤め出したわけね。秋から正月明けまでいたと思う。

——正月というと、昭和何年ですかね。

昭和四十一年か四十二年かな。

——四十二年だね。

うん。

——一月までいた。辞めた理由は何でしたか。

というか、まず一番先、怒られたのは、クリーニング店で、機械で、白いワイシャツだけ洗う機械があるんですね。それで、三人先輩がいて、順番で先輩たちが順ぐり、番してるんだけれども、本人は選別したワイシャツを先輩に渡す、橋渡し役やってたわけ。その間に、どこで間違ったのか分からないけれども、赤い色落ちするシャツがあって、それを先輩は、そばにいた角刈りの先輩だったんだけど、本人の言うことを信じて、調べないでそのまま全部入れてしまったわけ。その中に赤いシャツ、色落ちするワイシャツが入ってて、そのとき怒られてね。おまえが見てないからだめなんだって。それで、そのときはそれで済んだんだけれども、一番ショック受けたのは、その息子さんみたい（な）〔で〕、おれより一歳か二歳上だったんだけど、その人が選別して、ちゃんとおれに渡す役やってて、だからその事件のとき、彼がオートバイで遠乗りするようになってね、日曜日ごとに。そしてその中で、接触事故をトラックと起こして、前歯を五本折ってしまったわけね。それから厳しくなって、奥さんとおやじさんがね。それで、そのけがした息子さんはだいぶノイローゼになって、それでその仕事をというか、洗たくものをもらったり返すでしょう。そのとき、創価学会の会員のところがあって、そこに行くと何か勧誘されると言うのね。本人と、おれと一緒に回るようになって。それで非常にショック受けてたみたいね。そういう中で、おやじさんもだんだん、だんだん怒るようになってね。それで、一方では九州の人なんだけど堀さんというんだけれども、おれのアイロンの手付きがいいんだって。息子よりいいやって言うわけね、陰で。それを聞いたのかどうか分からないけれども、よく思わなくなってきてね、荒田さんは。それで、堀さんというのは、なんか六ヶ月ぐらい前から辞めるとか、どうのこうの言ってたらしいんだ。それで、とにかく正月になって、一週間くらい暇もらって九州のほうに帰ったわけ。九州の出身でね。堀さんというのは。その人が帰って、帰ってくるまでいらいらしてたんだけれども、帰ってきたら、十日めくらいに帰ってきたのかな。その間に野々山という家庭裁判所の調査官ですか、その人が来て、正月明けにね。で、本人は、あと一年くらいはやれるという感じで言ってたんだけれども、堀さんが帰ってきたら、おまえ、もういらないと言うわけね。それで、どうしてという感じでもって、とにかく、おまえ、いらないという感じで言って、そのとき何も言わないで、とにかくそういうこと起こったら、すぐ忠雄兄貴のところへ行こうということを思ってたから、それで行ったわけね。それで、行って相談して、前回言ったように荷物をほかのところに移したわけ。

——それから、高校に入ったんでしたっけ。

はい。

——明治大学附属中野高校と、前回、言いましたね。

東中野高校。

——そうすると、その東中野高校に夜行って、昼間は牛乳屋に勤めたと、前回言ったな。

はい。

――淀橋ですか。

はい、「明治牛乳」です。

――何か、そこの東中野高校で、あなたの成績、だいぶ良かったようですね。

（うなずく）

――何番中、何番ですか。

一クラスしかないのね。七十九人いて、それが一年生全部だった。それで、そんなにできると思ってなかったんだけど、とにかくやったら、平均点七十二、三かな。それで七十九人中十三番だったんですよね。

――まあ、それまで大して学校に行ってもいないのに、七十九人中十三番になったわけ。

（うなずく）

――学校時代は、当初は楽しかったと言ってましたね、前回。

はい。

――勉強が面白かったんですか。

というか、仲間というか、教室で騒いで、だいぶ明るくしてたからね。学校へ入れたということで非常に燃えてたわけ。ほんとは入れないと思ってたからね。それで、入ってすぐそういう番号取ったでしょう。で、先生も、というか、松尾先生といったんだけれども、もう少しやったら、十番以内に入れるからと。そしたら、奨学金も出るからがんばってくれと言われたけどね。

――結局、その東中野高校はどのくらい行きましたか、期間。

夏休み前。だから、学期末試験の直前まで行ってたと思う。

――そうすると、一学期間、ずっと。

一学期終わる、もう少し前まで。

――そうすると、何ヶ月、あるいは何年か。

――それ、じゃあ、三ヶ月ぐらい。

四、五、六。六月ごろまでかな。

（うなずく）

――前回の供述だと、その東中野高校に行かなくなった理由は、保護観察官が現れて云々ということを言っておりましたが、それをもう少し分かりやすく言ってください。なぜ、学校に行けなくなったのか。

勤めていて、保兄貴とかが来て、励ましていたんだけれども、その中で野々山調査官が明治牛乳に訪ねてきたわけね。

――家庭裁判所の調査官の。

そう、それで、先生だって支店長に言ってそれで、近くの甘党屋かな。

——甘党屋。

要するに、お汁粉とか、あんみつとか食べさせるとこ。

——甘党の店。

そう。あれは警察署の近くなんだけれども、医科歯科大学病院だったかな、あそこの前で話してね。で、向こうは全部調べててね、学校に行ってるとか言って。そういう中で、荒田のおやじがなぜ出ていけと言ったのか分からないと、おれは真面目にやってたという感じで言ってね、それ調べてほしいって。荒田のおやじに謝ってほしいと。で、給料も千円少なくもらってたんだと言ったら、聞き流す感じで、それで要するに管轄が変わるからと。係の人が違う人になるから、東京の人になるから、その人に言ってくれという感じで帰っていってしまったわけね。

——そうしたら、保護観察官の管轄が変わった。

ええ。それで、そうやってだまっていると、忠雄兄貴の方から電話かけて来てね、その、観察所に行くからと、東京のね、一緒に行こうという感じでね、行ったわけね、それで、何というか、全然話が通じなくて、向こうの人達が、立ったり座ったりしてね、起立、とかやってて、その中で、女の係官が来てね、大橋フサというんだけども、その人が来て新宿の係だから、あなたの係になる、ということを話してね、それでその人に、荒田のおやじのことを言ったわけね、でも、全然相手にしなくて、とにかく、毎日曜日に会いに来てくれ、という感じで、その、その前に（キリスト）〔起立〕とかやっていた時、怒ろうとしたんだけれども、忠雄兄貴に止められてたんだけども、そういう感じで、非常に怒っていたから、全然、その、言うことをきかなくてね、それで行かないでいたわけ、そうすると忠雄兄貴の方に連絡が来て、それで、出頭させてくれって、それで、行ってね、又同じことの繰返し、向うがあやまったら協力するけど、それまで一切出ても来ない、という感じで言ってね、何だったら、少年院でも、どっかへでも送ってくれていいぞ、という感じで、怒って言ってね、そういう感じで、殆ど交流を持たなかったわけ。

――それだけでは高校をやめなくてもいいように思いますが、もっと何かあったんじゃないんですか。

もっとって、要するに、それが、その、そうやって言ったもののね、一応これ、学校にも、どうしても行かなくちゃいけないんだろうなって感じを持ったわけね、松尾先生とかに、保護観察受けてるんだってことをね、それで、言おうか、言うまいか悩んでいたわけ、それで、友達っていう感じの人に言えなくてね、それで、ずんずん、ずんずん不眠になってね、眠れなくなって行くという感じで、疲れて行ったわけね。それで、何というか、牛乳店逃げ出すようになるんだけど。

――疲れて、牛乳店逃げ出した、あと、自然と、高校も行かなくなったわけですか。

（うなずく）

――その、家庭裁判所の調査官が、あなたがあんまりがんばるようだったら、保護観察中だということを、学校に知らせるぞ、ということを言いませんでしたか。

いや、あの、本人がそうやって悩んでいるんだったら、学校の先生に知らせたらって言ったわけね、そうしたら、おれは学校に行かないって、その最初の時なんだけれども、言ったわけね、そうやって言ったけれども、やはり、向こうは調べるんだろうなあっていう感じで、学校の先生とかはね、思ってて、それ、言おうか、言うまいかという感じで、悩んでいたわけ。

――その当時、あなたは、保護観察中でしたね。

（うなずく）

――家庭裁判所の決定で。

だと思います。

――保護観察中であることが学校にわかれば、学校には行けなくなる、と思っていたのではないんですか。

ええ、思ってました、というか、その観察官が、言ったら、という以上は、言っても行けるのかも知れないと思ったけれども、それまで、ずっと明るくやっていたわけね、だから、そんな悪いことやっている〔ない？〕のに、という感じで思って、今まで通り行かないんだろうなあって思って、又、大阪のこと思い出してしまったわけ、前科者とか何とか言われたら、友達とか何かも出来なくなってしまう、という感じで。

――そうすると、網走番外地のことね。

そう。

——結局、それで、学校もやめ、牛乳屋もやめて、その次ぎは、横浜で沖仲仕になりませんでしたか。

うん。

——沖仲仕の次は、何をやりましたか。

……。

——また、牛乳屋じゃなかった。

ええ、それが、文京区〔豊島区〕の巣鴨だったかな。

——その牛乳屋をやめた理由は、何ですか。

要するに、直接には、正月に、永山家の忠一、忠雄、保、本人と、四人が、忠雄兄貴のアパートに集まったわけね、そこで、保が、おれを田舎に帰そうとか何とか、あとから知るんですけどね、何か言ってたらしいんです。おれは、たばこ買って来いとかね、いろいろ、使い走りしていて知らなかったけれども、そういう感じで、あとから忠雄がそう言うわけね、そのことにまず、ショックを受けたのと、そして、その夕方なんだけど、初めて日本酒飲んだんです。深いおちょこに一杯半位飲んだわけね。

――その時、何歳位だったの。

十七だったと思う。忠雄が無理に飲ませてね、付き合えということで、それで、帰る時は、大きな声で、歌って帰って行ったんだけれども、次の朝、頭が、がんがんして、一回目、朝は、何とか配達したんだけれども、昼になって、少し寝られるんですよね、午後の配達までね、その時、コーヒー飲もうと思ったわけね、電気ポットで湯、わかしてね、そして、湯、わかしていたんだけれども、寝てしまったわけね、で、起された時、木原、って言ったかな、同僚が起して、目の前、畳がこげているんですよね、それを、下の大家にあやまって来いと、大家が、普段から口うるさい人でね、それで、行けなくて、うろうろしてて、それで、一万円弁償にとられるぞって、言われて、それで又、ショック受けてね、その前、文化祭があった頃だけど、もう一度、中野高校に行って、松尾先生と会って、もう一度復帰したいと言ったわけね、それで、君は、今は遅いから、もう一度来年来なさいと、来年来たら必ず入れるからって、松尾先生に約束してもらってね、そして、帰って、そういうふうにしてやっていたわけ、そういう中での一万円というのは非常に大きいわけね、ためようと思っていたから、そして、そういうことやったら学校へ行けなくなるという感じで、思って、そして、保兄貴が田舎に帰そうと言っていると、それで、行ったら本当に帰されるんだろうなって思ってしまって、それで巣鴨の支店長、雇われた支店長だったんだけれども、その人にやめるから、ということを言ってね、そして、その人が電話かけて、本店が池袋の西口の駅前にあるんだけども、そこへ行ってくれ、という形で、電車に乗ったんだけれども、行くのいやでね、それで、アパートに行って、カメラ忠一兄貴のカメラだったんだけども、それを質屋に入れて二千円位借りてね、そして、神戸の方に行ったのかな、それ自殺するために行ったんだと思う、それで……。

——先程来、自殺の話が時々出るのですが、自殺しようと思えば、汽車にとび込んでも出来るし、ビルからとび降りても出来るわけだが、そういうことは考えなかったんですか。

というか、思う時、必ず海、というものが出て来て、海の傍で死のうと思うわけ、どういうわけか、で、今思うと、網走時代、セツ姉さんが、海の近くでね、非常に可愛がってて、で、抑圧受けたら必ずそういう方向に逃げたんだと思う。

——そこで、神戸に行って、そこから又、外国に密航しようとしたわけですか。

そう。

——日本がいやになってしまったわけですか。

そう。なるべく人のいない島に行こうと思ったわけね。

——で、神戸から又、だまって外国船に乗ったわけ。

そう。

——どこで見つかったの。

その、煙突の近くにいて、暖をとっていたらね、見回りの人が来て、フランス人だったんだけど、その人に発見されてね、それは、丁度神戸から横浜に行く船だったんですよ。で、横浜の海上保安庁に保護されてね。

——島まで行けなかったわけね。

そう。

——その次、又、東京の牛乳屋に勤めたんじゃないんですか。

ええ。

——その牛乳屋は、前の牛乳屋とは別のところですか。

あれは、荻窪だったかな。

——杉並区の、で、住込みですか。

うん。

——そこから又、定時制高校に通い始めたかな。

ええ、その近くに保兄貴がいて、それで、何か、家庭裁判所かな、そこにも保兄貴が来てね、何か、全部、忠雄兄貴に指示されて、何か、お前がああいうことを言うからこうなったんだって言われたらしいんだ。

――ちょっと待って下さい。ああいうことって、何ですか。

要するに、忠雄から見るとね、それまで、というか、巣鴨にいた時はね、一番明るかったんだって、おれが、それで、保がね。田舎に帰すとか何とか言ったからね、おかしくさせてしまったんだって感じでね、そういう感じで、全部お前、あと面倒みろって言われたような感じなんだよね。

――それで、二度目に入った高校はどこでしたか。

同じ。

――同じ東中野高校。

ええ。

――前と同じ学年ですか。

いや、一年遅れた。

——その二度目の高校時代は、何ヶ月、行ったのかな。

何ヶ月って、一月も行かなかったと思う。

——何故やめたんですか、せっかく又、行ったのに。

又、「保証牛乳」というところに勤めてて、それで、そこのおやじさんはね、駅の近くで米屋をやっているのね、それで、若い主人が大学出たばかりなんだけれども、その人が、牛乳店を経営してたわけ、それで、そういう人達はよかったんだけれども、保護観察受けててね、保護司が、牛乳配達してる区内にある高校の校長だったわけね、そこに、二、三回行ったのかな、一ヶ月に一回として、それで、行ってて、学校に通っていると、そして、委員に選ばれて、委員長やったわけね。

——あなたが高校の委員長まで行ったわけね。

行ったって、委員長に選ばれたわけ、仮のね。

——何ですか、その仮っていうのは。

まだ全体が知らないでしょう。仮に選ばれて、もう一度、その、過半数を得て選ばれたんだけど。そういう委員長とかね、委員等やっている、という感じで言ったらね、その、保護司がね、学校等の関係は、自分が知っているから、何というか、周囲を調査していいな、という感じで、その校長である人は言ったわけね、それで、おれはなるべく来てほしくないって何度も言ってて、その時も言ったんだけれども、その人は来てね、何か周囲を調べて行ったらしいんだ、本人の素行とかね、で、そういう中では、まわりが調べているから、何か言ったんでしょうね、そういう中で、勤めている先輩である人がメッキはげて来たな、とかね、お前のこと全部知っているんだぞ、という感じのこと言って、それで、保兄貴のところに相談に行ったんだけれども、出張でいなくてね、ずっと、一週間位アパートに行ったんだ、いる頃を見はからってね、いなくて、それで、どうしようもないなって感じでね、そこも又、逃げ出したわけ。

——つまり、その高校に、自分の前歴がばれたと、あなたは思っちゃったわけですか。

はい。

――ばれると、やっぱり行きづらいですか。

行きづらいね。というか、そういう話を先生とかがしてね、それでもいいから来い、というならわかるけれども、全然知らないでしょう。で、委員長やっていたでしょう。で、委員長に選ばれた時ね、ああ、これ、もう、長くないなって思ったね、その時。

――で、牛乳店も、やめちゃったわけですか。

ええ。

――その後、一ぺん青森県の実家に戻ったんじゃないんですか。

そう。

――おかあさんのところに。

うん。

――それは、青森県で、働こう、ということだったんですか。

いや、北海道に渡って死のうと思ったわけね。

――じゃ、最後のお別れ、という意味で寄ったわけ、おかあさんのところに。

そうじゃなくて、最初青森まで行ってね、それで、近くに魚市場があるんですよね。そこを、中、歩いているとおふくろのことを思い出して来てね。それで、電話かけたわけ、近くの「佐藤商店」というのにね、電話通じるところがあって、おふくろどうしているか聞いてね、そしたら元気でやってるとか言ってね、それで、帰りたくなって、それで、帰って行ったわけ。最初は、おふくろに会わないで北海道に行こうと思っていたんだけど。

第十八回公判　昭和六十一年十二月十二日

――前回に引き続き、あなたが本件事件に至る経過をお尋ねします。前回最後に述べていただいたのは昭和四十三年五月ごろにあなたがいったん青森県のお母さんのところにもどったところまでお尋ねいたしましたが、そのもどったときに地元の高校に入ろうとしましたね。

しました。

――それは実現できなかったですか。

できませんでした。おふくろがいろいろ言うから、一番本人が気にしている大阪のときが一番則夫のよいときだったんだとか、そういう感じで言って、一番心にずしんとくるようなことを平気で言うような感じでいて、それで二千円もらって函館の大沼公園まで自殺しに行ったんです。それでできなくて青函連絡船でも飛びおりられなくて帰って来て、それでそのときびしょぬれになって函館でかぜひいて高熱というか、で、どうしようもなくて、そこで帰って来て寝込んで、その後回復してから親せきのトタン屋、「棟方」というところに来てくれと、手伝ってくれという感じで行って、そのとき板柳の高校に行けたら勤めていいという感じで、それで「棟方」ではいいと言うからそれで勤め出したわけね。そのときその高校に板柳の高校に行って定時制の社会科だったかな、同じ教科書使っていたけれども、その先生にいろいろ聞かれて、刑事の尋問みたいなんですよね。とにかくその入校しているということ、東京の定時制で入校しているということを全然信じないわけ。笑っちゃって。それでお前入っているんだったらその高校から転移証明もらいなさいと。てんで相手にしないという感じでいたんだけれども、そこから別れて帰って来てからすぐ速達で明大中野付属高校に、こっちの学校に入りたいからということでやったんだけれども、それがくる前、永山いろいろな事件をやっているからあきらめろと。「棟方」の親父さんを通じて断ってきたわけ。それで本人また寝込んでいるというか、仕事に行かないでぶらぶらしている感じで、その二日目かな、おふくろが役場から金借りてきて、とにかく忠雄呼ぶと。東京に帰らなければ忠雄を呼ぶということを言って、そして一階と二階があって、田舎の長屋ね。二階で寝ていたんだけれども、則夫、則夫と何回も呼んで仕様がないのね。それでおふくろが叫んでいるところに長屋の人達が集まって来たりして、そういう中で叫ばなくなってきたと思ったら、昼ごろだったんだけれども、二階へ上がってきて切符出して、これで東京に帰れと。それで二千円くらいもらって東京に帰ってきたんです。

――そうするとあなたとしては、地元の高校に行きたかったんですね。

うん、まだどこでもいいから高校入りたかったわけ。

――それができなくて、そして二千円もらってまた東京へ来たわけですか。

はい、東京というか、沖仲仕しかないと思ったからね、すぐお金入るところは。横浜に行って桜木町にたってた川島という前年面倒をみてくれたおやじさんがいて、そこですぐ半常備になったわけです。

――どういう意味ですか。

常備というのは月極めで港湾労働者として雇われていて、普通のサラリーの労働者みたいな感じの人で、半常備というのはそのお金半分だけその日もらって、半分は一月まとめてもらうという感じの人で、普通の労働者と日雇労働者のちょうど中間であるわけです。半常備の下にアンコと呼ばれている、何というか要するにその日一日限りの労働者がいるわけ。そして半常備になってお金たまったころ、忠雄兄貴の内妻であった鈴木紀子さんのところに当時池袋東口かな「ウィーン」という大きな喫茶店にいてレジをやってそこに電話をかけたら、忠雄怒っていると。それで必ず来なさいと。一度来てくれということで忠雄のところに行って、そこでもう忠雄にあまり怒られなかったけれども、お金一万円使わせたんだってなということと、それでもう田舎に帰れないことをしてきたなという感じで言って、そしてそれを聞いたとき、ああもう帰れないんだなあという感じで思って、その後すぐまた沖仲仕をやり出したわけです。

——沖仲仕は横浜でね。

そう。

——沖仲仕をやっていたころは、夜はどこへ寝ていたんですか。

主に「大〈正〉〈勝〉館」という二十四時間の映画館とか、あるいは駐車場にあるトラックの荷台の上とか、そこでよく怒られてね。夜中に見張りが来てそこでたたき起こされたりして。

——つまり、うちがなかったわけですね。

はい。

——そういう生活をどのくらい続けましたか。

夏の終わりぐらいまで。

——昭和四十三年。

はい。

——その後で自衛隊の入隊試験を受けたことがあったんではないんですか。

はい。夏ぐらいで大分疲れていて、川島の親父さんのところにもいられなくて、川崎に行って日雇やってたりして、その後忠雄のところに行くと、保護観察官が一度来てくれということで、何回も手紙とかきているから出てくれということで忠雄に言われて、東京の九段の少年保護観察所ですか、あそこに行って、まず大橋フサという、その人しか知らなかったから、行くと、もうあなたは杉並のほうに移っているから新宿区のかかわりと離れているからということで待たされて、三十前後の男の保護観察官を呼んできて、今何をやっていると言うから、沖仲仕やっていると。もうこのままではのたれ死にするかもしれないとか話して、それでも何かあんまり乗り気でないような感じの人で、何というのかな、忙しいからまた来てくれと言って、それで出たら大橋フサと何かそのときは所長と思ったんだけれども、後で聞くと副所長ですか、その人が戸口のところにいて、大橋フサさんと副所長とその男の人と三人で入口まで送ってくれて、また来てくれという感じで、とにかく今日は帰ってもいいという感じで別れて、その後、そのときではないけれども、また沖仲仕行ったり兄貴のところに訪ねて行ったりという感じのときに、渋谷から東急ですか、あそこの電車で桜木町まで通っていたんですけれども、そこから東急から帰ろうとすると、渋谷の東急文化会館のところに中央の陸橋がありますでしょう。あそこのところで中間辺りでもう数人に囲まれたんです。刑事かと思って、それでやったら自衛隊の者だと。それでそのときすぐいやだと言ったんだけれども、とにかく職ないんだろうと、来てくれという感じで連行されて、その車の中でほとんど強制的にジープに乗せられて　その車の中で、仕事ないけれども職探してくれたら行くと。そうでなければ行かないという感じで言ったら、探してやるという感じで、とにかくお金ためたかったから付いて行ったわけです。自分では前年すでに夏、逃亡して転職繰り返していることとかでだめだということとわかっていたから、そのときもまた不合格になるということがわかったわけね。付いて行ったときに、目黒の駐屯地だったと思うんですけれども、そこに行ってそこに荷物置かされて、すぐに市ヶ谷の駐屯所ですけれども、あそこに試験受けに行って、身体試験のときに大分内臓を痛めているということを言われて、その後すぐまた帰って病院に連れられて行かれて、心臓が何とかというんだけれども、心電図で調べたらスポーツ心臓だと、かつ強いんだということを言って、だから大丈夫だという感じで、その後一日おいて二日目から「東邦電気」でしたか、そこに勤め出したんですよね。

――自衛隊の試験はどうなったんですか。

だからすぐというか、ほとんど○×式だから　だれでもわかるような感じでペーパーテスト一枚やって身体検査やっただけなんです。後ほとんど身元調査で落とされていくのがほとんどだと思うんですけれども、身元調査を終えるまで「東邦電気」で勤めてくれという感じで、それで勤め出したわけです。それで一ヶ月くらい勤めていたのかな、ずっと。それでやっていて、おまわりさんが来たんです、一人。君、密航とか、というか、そのときちょうど、午後の休みで、三時ごろ。みんな荷物を降り下げするところにいておまわりが来て元自衛官みたいな支配人みたいな、おれと三人で入って行くとき、人殺しでもしてきたのかという感じで言われて、それでみんなにひやかされて事務所に入って行って、そこでおまわりさんに、君密航しているでしょうと。米軍基地にも入っているでしょうという感じで、そのときはずかしかったのかもしれないけれども、うなずかないで黙っている感じで、こう首ふって違うという感じで言って、それで何も語らなかったけれども、そういう感じで、そういう人は遠慮してほしいという感じで言われて、それで一、二週間その後勤めていたんだけれども、その後なんだよね、今まで笑って付き合ってくれていた人がみんな離れて行くわけです。同部屋の人も別のところに移って行くし。休みの日に道路歩いているいると、知らんふりするし、本立ち読みしていたのをぼくがやあって声をかけたら向こうは急に奥に行ったりして知らんという感じで無視して、前科者ということに対してまた大阪みたくなって、それでいられなくなって、支配人はもっといてくれと。保護観察終わるまでいてくれと、そしたら何とかするからと言ってくれたんだけれども、いやだという感じで言って、それで十月初めごろでしたかね、辞めたのは。給料一万五千円くらいもらって辞めたんです。

——どのくらい勤めていたんですか。

だから一ヶ月半くらいです。

——一ヶ月半くらい勤めてたった一万円そこそこしかくれなかったんですか。

途中でもらったりしているから。

——結局前のことがわかったんで、会社から白い目でみられて、いたたまれなくなって辞めてしまったんですか。

はい。

——自衛隊の受験結果はどうなりましたか。

その後横浜帰って、また沖仲仕何日かやって、どうしても差別したやつらが憎くなって、その夏桜木町の前でアル中の人がどぶ川で泳いでいるのを見ていて怒りをもって、あれからずっと持続してきたものが何か大きいことをやって捕まるか密航するか、米軍基地へ入って射殺されてもいいという感じになって、その直前なんです。横浜の桜木町に公衆電話あるでしょう。あそこから　だめですねという感じでもう一度目黒の駐屯地の係の人に名刺もらっていたから電話かけたんです。そしたら君、米軍基地に入っているから遠慮してくれという感じで言われて、それで電話置いてそれで道路のほうに向かって、ようしやるぞという感じで、そこから始まったわけです。何というかこの事件はですね。何か怒らせるものというか。

——ようしやるぞと言ってどこに行ったんですか。

横須賀。それでこの前に今まで家庭の生活史述べてきたけれども、少しまとめてみたいんですよね。それで最高裁の今回の判決では、兄弟は全部同じ環境に育っていて、おれ以外はほとんど市民の生活していると言っているけれども、最高裁はまず同じ資質と同じ環境ということを間違えていると思う。兄弟は同じ資質をもつかもしれない。だけども同じ環境で育つということは兄弟の中では絶対にないんだ。兄弟こそ、まして八人も九人もいると。兄弟多いほど同じ環境で育つということは絶対ないわけ。これはもう学説でどうしようもない現実なんだ。それを最高裁は同じ資質を同じ環境という具合に言いくるめているわけ。だからこれも事実誤認であるわけ。その証拠として八人いる中で、網走番外地という無番地に載っているのは三人しかいない。久江と明子と本人と。『網走番外地』がはやったとき、二人はもう結婚している。そしてその差別を直接意識したのは本人しかいなかったと、日本の中でたった一人の人間なんだと。そして兄弟の中で中学五百日以上、小学校三百五十日前後休んでいるのは本人だけね。これだけ見てもほとんど環境が違うということわかると思う。そして兄弟八人全部同じと言うんだけれども、上の二人忠一と、セツ姉さん長女長男は女学校を出ているとかして　定時制高校を中退しているとか親に出してもらっているから比較できないわけ。そして久江、明子、これも優等という形で非常に優秀な成績残しているわけね。それでこういう感じで学習歴とっても違うし、そして網走に残ったのは本人と保と忠雄と明子、この四人しかいないわけ。ほかの兄弟ともう比べようがないわけ。そして四人残った中でも学童とまだ学年に達していない学童でない本人とは比較できないわけね。そして最高裁の論法では、一人の殺人者が出た家族では全部の兄弟とか家族が殺人者でなければならないという論法になってしまうわけ。そういう馬鹿なことを今までほとんど例がないと思う。イギリスとかではほとんど原始時代の生活をしていた殺人家族があったけれども、コリンズ［コリン・ウィルソン］かな『殺人の哲学』に述べられているけれども。そういうところはあるけれども、ほとんど近代になって何というか同じ家族の中で、あって一人というか血族の中でも、あって一人なんだ。それなのに最高裁の判決では、本人以外は全部同じ生活しているから何というか、何を言おうとしているのかわからないわけ。要するに本人が異常だということを言いたいのかどうか。そして異常の問題なんだ。刑法三十九条では、心神耗弱と言っている。だから減軽するんだと言っているけれども、その条文自体が間違っていると思う。前回の法廷で言ったように、動物でも善悪判断をもっているんだ、仲間を殺さない、ほとんど殺さない。異常時でなければ殺さない。集団の報復をやるときくらいしか殺さない。そして敵は容赦なく殺すと。敵味方を分ける善悪判断をもっていると。だけども人間の場合、人間も動物である以上、本能の段階でそういう善悪判断をもっているんだと。だけども人間の場合、それを意識で敵味方を分けるということを言ったんだけれども、そしてその続きでもあるんだけれども、刑法三十九条で言う心神とは何のことかなんだ。もしそれが社会的意識、ないし単なる意識一般を言っているんであったならば、今言ったようにその条項で減軽することは間違っていると思う。本能の段階でもう善悪判断があるんだ。だから意識があろうがなかろうが、動く以上は善悪判断あるわけ。それなのに、なければ減刑するという意味がわからないわけ。例えばこういうことなんだ。感情的であるという女の人、これはもっと殺人やってもいいんじゃないかな。いっぱい抑圧受けているんだし。ところが一般の事件でもほとんど犯罪者、世界今までの歴史をみても女の人の犯罪者というのはほとんどわずか。子どももし意識発達していなくて自然人に近い状態だと、もっと殺人やってもいいんだと思うんだけれども、やらない。なぜか、本能の段階で善悪判断を知っているからなんだ。だからやらない。しかし人間の場合、それを社会学史の中で社会意識として育てられて善悪判断を強制しているわけですね。だからどういうところで犯罪が起こるのかというと、私有財産制度があって、その中身の競争があるためにエゴイズム競争が起こるわけ。そのエゴイズム競争が起こって、どうしようもない抑制できないところで犯罪が起こっているわけね。だからその意識を問題にするとしても、この前言ったように本能の段階の善悪と意識の善悪とを分けなければならないと。それで刑法では人を殺すことは悪いことだと言っている。刑法百九十九条で言っていますね。これだけでは片手落ちの片一方だけの、本当の善悪判断ではないと思う。これは刑法段階の善悪であって、もう一つ上の憲法の段階では最高裁死刑を認めているわけね。死刑は人殺しなんですよ。一方では人殺しは悪い、一方では人を殺してもいいんだということなんだ。ということは最高裁の憲法の段階では敵を殺してもいいということになっているわけね。だから善悪という場合、敵を殺していいという意識がなければならないわけね。人を殺してだめだという意識と敵を殺していいんだという意識が合体して初めて善悪判断と言えるわけ。それでこの前も言ったように、本人にはこの段階では、犯行前後の段階では、なかったわけ。こういう敵を殺していい意識と、味方を人間を殺してはだめだという意識その善悪判断をその当時、本人なかったと。そしてじゃ本当に善悪判断なかったのかと言えば、あったんだと。乞食と売春婦以外全部殺すという意識があったわけね。これ立派な善悪判断であるわけね。ところでこの社会において乞食と売春婦以外全部殺すというのは正しい善悪判断であるのかどうか、おれはそうではないと思う。被告人はそれは正しい善悪判断ではないと思う。その結果、味方を四人も殺してしまったわけね。

――あなたは昭和四十三年十九歳のときに、今自分で言ったように、乞食と売春婦以外の人間はすべて殺すべきであるという意見になったようですが、なぜそう思ったんですか、そのときは。

というか、はっきり意識したのは北海道に渡って帰ってくる函館事件を起こす前なんだけれども、ピストルを持って六本木とか池袋をうろうろしていたとき、かかったきたらだれでも撃つという、今までの仕返しをやるというピストルをぶっ放すと。だれにぶっ放すということは決めていなくて、そのとき乞食と売春婦以外は全部殺すという意識をもっていたわけ。

――今、仕返しのためとおっしゃいましたが、だれに対して何のための仕返しと考えたんですか。

当時はその「東邦電気」で前科者差別されたと。だけどもそこだけじゃないわけ。大阪でもやっていると。ずっとその前があって、そういう社会に対して思っていたわけね。そして必ず事件の後桜木町に帰って来たら必ずどぶ川の橋の上に立ったわけ。頂上であそこから弾を込めていた財布を捨てたとか言っていたけれども、そうではなくて何も捨ててはいないんだ。ただあそこを今言ったような小説とかで書いているどぶ川で泳いでいたアル中の人のことを思って、それで仕返しというか、復讐心を鍛えているというか、よみがえらせているために何回もあそこに帰ってきたんだと思う。

――自分とアル中患者と乞食と売春婦を差別している社会に対して仕返しをしようと思ったわけですか。

そう。

――今最高裁判決の話が出たついでにもう一つお尋ねしますが、あなたがこれだけは言いたいと言っておったんで、その点を一つ聞きます。最高裁判決理由中、冒頭に次のように言っております。「検察官の上告趣意のうち、判例違反をいう点は、所論引用の判例はいずれも所論のような趣旨まで判断しているものではないから、所論は前提を欠き、その余は量刑不当の主張であって、いずれも刑訴法四百五条の上告理由にあたらない。しかしながら、所論にかんがみ職権で調査すると、原判決は以下に述べる理由により破棄を免れない」として、以下うんぬん述べておるわけですが、これに対してあなたが是非言いたいことがあると言っておったので、どうぞ言ってください。

今回の最高裁の差しもどし判決は、憲法三十一条に違反していると思う。というのは、今述べたように検察官の上告理由をいずれも認めていないわけ。ということはその職権を発動するにも発動できないと思う。なぜかというと、裁判とか法律は結果オーライの野球じゃないんだから、そうであると思う。というのはマスコミ報道では検察官の上告理由を認めて今回の差しもどしをしたと報道しているわけね。御覧の通り最高裁の小法廷の判決は認めていないわけ、いずれも理由がないと言っている、ちゃんと。そうすると職権を発動するにも発動できないわけ。ということはその状態では検察官の上告を認めない状況では今言ったように簡単な言葉で言うと結果オーライの野球と同じくなってしまうわけ。それはその法手続に違反しているんではないかと。そうすると憲法三十一条の正当な法手続によらなければ生命を奪われないと、刑罰も受けないと言っている条項に違反していると思う。それでもう一つ、著しく正義に反すると言うんだけれども、著しく正義に反していたら最高裁自身が破棄自判すべきであるんだよ。それなのにしないで差しもどしたということは、その著しい正義にあたらないということなんだ。ということは刑事訴訟法四百九十一条の著しい正義に反するという条文を小法廷は誤って解釈したと思う。だから今の最高裁の判決のままの状況だと、その上告理由がなくても上告できるんだということを提示しているわけね。結果オーライだから何（ど）〔で〕も上告しなさいと。後は最高裁がやってやりますというような感じの、全く前代未聞のことをやっているわけね。近代の罪刑法定主義始まって以来の暴挙になっているわけ。こういうことを認めていいわけないんだよ。だから本人は今まで事実関係によってこれは死刑にならない事件だと言ってきたけれども、純法律的には永山裁判に対して死刑をおろせないと思う。そういうふうに考えている。そうしてその今回の最高裁判決の条文読むと、最高裁の言っている通りの上告文を書きなさいと、そして上告しなさいと。そしたら破棄自判というか、あるいはその破棄差しもどししますという具合になっているんだけれども、一度差しもどしてしまったでしょう。だから判断が誤っていると思う。

――そういう点が全く承服できないということですね。

そうです。

――あなた今、この事件の報道についてちょっと言われましたが、これもあなたが是非言いたいということなんで、お尋ねしますが、「東京新聞」の昭和六十一年十一月十五日の夕刊、これはあなた読んでいますね。

はい。

――それでこういうことですか、見出しが、これはニュース双曲線欄で反省の言葉の中で、「仲間殺してしまった、獄中生活十七年の永山初めて漏らす」という見出しで、全部読んでいると長くなりますので要点だけちょっと見てみますと、オレは完全に間違っていた。何より仲間を殺してしまったんだからと、こういう書き出しから始まって、去る十一月十二日の公判から始まった被告人質問で永山は四人の殺害をそう悔いたと。遠藤誠弁護人にうながされ永山は珍しく犯行当時の心境とその後の変化を率直に語ったと。本籍が北海道網走呼人村番外地。その戸籍から最近まで劣等感に悩まされてきたというと。さらに途中とばして獄中でマルクスに出会い、目を開かされたという。殺してしまったガードマン、タクシー運転手も労働を強いられているオレと同じ階級の人間。当時はそれがわからなかった。今は悔いていると。永山の口から出た初めての反省だったと。さらにまた最後に、自らをマルクス、ソクラテスにも比す永山。解任された前の弁護団は精神鑑定を申請した理由もそこにある、うんぬんと。こういう記事が出ておるんですが、あなたも読んだということですが、これについてあなたが言いたいと言っておったことを述べてください。

まず事実誤認は、その初めて反省したということは間違っていると思う。これ今回の本人尋問の一番最初の法廷でも言ったように、巣鴨プリズンでマルクスの『共産党宣言』を読んでから本人はずっと反省しているんだと。不変だと。なぜ仲間を殺したのか、仲間を殺さないためにはどうしたらいいのか、その一点しかやっていないんだと。いろいろなことをやっているけれども、やっていることは全部そこに集中しているんだと言っている。そしてその前と同じことを言っているだけなんです。前の無期になった高裁判決でもこの前と同じことを言っているわけ。だから初めて十七年目にして初めて言ったというのは事実に反しているわけね。そして本当に全人類に対して犯罪になりますよ、そういう報道ばっかりしていると。まず第一に十年間ずっと三億円事件の謀略者の犯行の主謀者は今の後藤田正晴官房長官だと言ってきている。そういうふうに気違いだと言うんだったら、本人馬鹿げたことを言っているとなぜ報道しない。少年法改悪するために泳がされていたと言っている。それがわかるのが静岡事件だと言っている。そして何回も「静岡新聞」の昭和四十三年十一月十七日号を提示して、こういうふうな尾行工作をやっていると。逃した後はピストルはおもちゃ、犯人は一〇八号とは関係ないと報道していると。こういうことを何度も十年以上言っているわけね。ところがいっさいその主張さえ認めないわけ、主張さえ報道しないわけ。何やっているんだろうか、マスコミは。実験をやっているんだ。何の実験か。ファシズムに至る実験だ。過去、戦前共産主義者に対してこういう報道をされてきたその次にくるものは何か、大本営発表何とかかんとかというでたらめ記事だよ。その実験をやっているんですよ、永山裁判で。スパイ防止法の先例なんだよ。刑事訴訟法改悪の弁護人抜き裁判をやったときも本人は七件も民事訴訟をやっているんだよ。全部却下、証人さえ呼ばない、本人の反対尋問さえもさせないで却下。……世界にこういう馬鹿げたマスコミがあるんだよ。本人が原子爆弾を落とされて当然の国であるというのはそこにあるわけ。そういうふうに馬鹿だと思うんだったら本人が大論理学とか犯罪学を史上初めて科学にしたと言っている、あれは権力犯罪のことを追及している、そういうこと事実をあげて永山君これは間違っていますよと。あなたの頭はおかしいですよと、事実をつきつけなさいよ。そこに遠藤弁護士にそれを通じて反論を求めてほしいわけ。何度も民事提訴をやっているのも北欧のように例えばイギリスのように犯罪者に対する反論権を求めてそうやってやっているわけ。だからその「東京新聞」に対しても反論を求めてできなかった場合、提訴するという形の方法しか今まではないわけね。それを協力してほしいと思うんだけれども、これは別なことね。今言いたいのはそれだけです。

――新聞関係はその程度にして、先程の本題にまたもどって、先程昭和四十三年十月初めに自衛隊不合格ということがわかったもんで、これからやるぞと横須賀で言ったと。その後どこへ行きましたか。

横須賀へ行って、昼ごろ行ったんだけれども、映画見てその後基地の中に入りました。それでピストルを盗むわけね。

——何のために基地に入ったんですか。

とにかくまず、撃つなら撃てということ、死んでもいいという覚悟がまずあった。そしてできたら密航したかったわけね。それと後何かガソリンスタンドでも爆発させるという感じで入っていったわけ。何か大きなことをやって捕まるということを心に決めて入って行ったわけ。

——普通の社会にいるのがいやになっちゃったわけですか。

はい。

——入ったところ、捕まりもせず射殺もされなかったですね。

はい。

――結局そこでピストルをもってきたわけですか。

はい。ピストルとジャックナイフ、そして一ドル銀貨ほかのコインとか。写真機ももって、写真機はそのどぶのアル中の人が入ったどぶ川とかに捨てたけれども。

――ピストルをとったとき、何にするつもりだったんですか。

宝物をみつけたと思った。というか、友達という感じになって、それでその後何というかすぐ撃ってみようと思った。本物なのかどうかまだわからないわけ。弾もあるけれども本当に発射するのかどうかわからないわけ。だからそれですぐ三笠公園のところに行って、発射したわけ。十発くらい試射したのかな。それで本物だと思って、そのとき初めてこれで復讐できると思ったわけ。

――さらに東京でもどこかで試射したことがありますか。三笠公園だけですか。

東京はない。東京、後で原宿事件をやるときはあったけれども、それは不発になっているけれどもね。後はない。

――そこであなた今これで社会に復讐してやろうと思ったとおっしゃいましたけれども、最初の事件が四十三年の十月十一日ですね。

はい。

――芝公園の事件。

はい。

――あのときは何しに東京プリンスホテルに寄ったんですか。

プール見たかったんです。夏というか、上京してきて東京タワーに来てそのとき東京タワーの上から見て非常にきれいなところだなと思っていたけれども、ピストルを持って度胸ついてそれで入っていったんだと思う。その前に寝るところという感じでもあったかもしれない。だれもいなかったから切符売場ですか、あの辺に。それでベンチよりいいかもわからないという感じでそこにいたんだけれども、こんなことをやっていても仕様がないと。もう一度プール見て帰ろうという感じになって、それで行ったら、最初警官だと思ったんですよね。警官が来たと思って。それでどこに行くという感じで、向こうに行くという感じで。正面のほうを指さしたら、ちょっと来なさいという感じで本人が逃げるでしょう。そして後ろ、つかまれたわけね。転んでそのときピストルが落ちて、そのとき何というかピストルを撃ったわけね。空包なんだ。一発目で、五発しかほとんど入れなかったわけね。六発込めたのは名古屋のときと原宿のときしかないと思う。後ほとんど五発を込めていたわけ。京都のときも、それでその一発目何というか、先のほうにごつごつするから胸ポケットに入れてごつごつするから何というのかハンカチで巻いて、それがあるために発射できないのかと思ってね、それであわてて取って二発目撃ったわけね。まだその人はつっ立っているわけね。ずっと逃げてプールの階段おりるところでもう一発撃ったわけ。そしたら何かくずれたような感じになってね。秒にして三〇秒もかからない非常にはやい時間だと思うけれども、それでぐるぐる逃げてまたもどってきたりなんかして。そしてとにかく逃げて翌日の朝、新聞で見たら人が死んでいるという感じで、殺人という字が社会欄に出ていて、それだと思っていたんだけれども、後で小野誠之という第二次弁護団の人が調べると本人が見たその新聞は別な事件の殺人事件の報道だという感じで言っているんだけれども、というのは翌朝の新聞には出ていないというんだよね。だけど翌日それすぐ本人は自分が殺したんだと思ってしまったわけ。

——それもあなたとしては先程来言っている社会に対する復讐という意味だったわけですか。

いや、警官だと思ったし、向こうもピストルを持っていると思ったし、この人じゃないという、……アル中を助けたりしていたからね。撃つ相手じゃないという感じで、撃たれていいと思って逃げる感じでいったわけ。ところがガードマンだったわけ、後から報道で。そこで初めてああという感じになって。

——じゃ撃つときの目的は何だったんですか。要するに逃げるためですか。

逃げるというか、撃ってもいいぞということがあったし。

——撃ってもいいぞと被害者が言ったわけですか。

いや本人が思っていたわけ。

——あなたが。撃ってもいいというのはなぜですか。くどいようですが。

向こうもピストルを持っていると思っていたわけ。警官と同じ格好をしているから。そこでとにかく電灯に向けて撃っているわけね。だからどういう顔の人とかほとんど見ていないわけ。電気に向かって撃ったという感じで、どこに当たったかも全然わからないし。ただ……。

――真夜中の零時五十分ごろですか。

はい。

――最初はそのプールのベンチで寝ようと思って行ったわけですね。

プールのベンチじゃなくて、とにかくプール見たいという感じで行って、その前に東京タワーの下で公園のベンチで寝ていたわけ。それで夜中に寒くて起きて、それでだれもいないから行ってみようという感じになって行ったわけ。

――そこから逃げてどこへ行ったんですか。

逃げて。

――次は京都ですか。

その前に兄貴のアパートに行ったわけ。

——保さんですか。

いや、忠雄。池袋にいてね。それで同棲者の鈴木さんは上に勤めていて、忠雄はプロパチであって、朝早くいなくて、アパートの鍵は戸の桟の上にあって、そこにあるのわかっていたから、そこで二千円と本人が持っているお金等でつくって、それで京都に行ったわけ。

——何のために京都に行きましたか。

これ自分がやった以上死ぬしかないと思って、それで死ぬ前に一度だけでも京都に行こうと。京都を見てそれで帰ってこようと。また忠雄兄貴のところにね。それでとにかく京都を見たいという気持ちが強くて、それで行ったわけなんです。

——京都はあなたはそれまで一回も見たことないわけですか。

通ったことは通ったんだけれども、琵琶湖に行くときね、大阪にいたとき。それも夜景が非常に美しいという感じだけでどういう町か全然知らなくて。駅とかは通りすがりに見ているけれども。

――四十三年の十月の十三日に京都に着いていますね。

はい、だと思う。

――そこで八坂神社の事件が起きるわけですね。

はい。

――八坂神社に行ったのは、あれは夜ですか。

真夜中だと思います。

――何しに八坂神社に行ったんですか。

駅で寝れないからね、どこか寝るところ探して朝になったら帰ろうと思って。

――野宿するためですか。

はい。

——そしたらそこで警備員のおじさんと会ったわけ。

そう。後ろから来て声かけて、それで向き合って。

——何と声かけたの。

どこに行くという感じで。

——そしたら。

向こうに行くという感じで、階段のほうを指したんだけれども、ちょっと来なさいという感じになって、しつこいんだよね。

——どういうふうに。

とにかく来なさいということで、一緒に来てくれということで、おれは行かないという感じになって、何も悪いことをそこではやっていないという感じもあったんだけれども、とにかく人を殺して来ているから逃げなくちゃいけないということもあって、非常に矛盾した気持ちもあって、とにかく帰るというか、あなたには関係ないんだという感じで言ったんだけれども、帰してくれないと。それでジャックナイフを抜いて、近付くと刺すぞという感じになって、言葉を言ったのかどうかわからないけれども、とにかくジャックナイフを見せてそれでそんなことをしてもだめだと。来てくれという感じだからね。今度ジャックナイフ片手に持ってピストルを内ポケットから出して撃ったわけね。でもそんなことをしてもだめだと。当たっているのかどうかわからないわけ。被害者に当たっているかどうかわからないわけ。

――まっ暗ですか。

まっ暗って、電気持っていたけれども、言葉を発しているわけね。そんなことをしてもあかんとか何とかね。で、当たっていないと思って撃ったわけね。それが四発なんだ。だから四発しか撃っていないわけ。六発撃ったというのは全然別であるわけ。五発しか入っていなかったし、それで二人来てすぐ一分もしないうちに来た警官は四発しか聞いてないと言っているし、もし六発撃ったんだったら、被害者の後ろに白い壁とか木とかがあって、必ず弾痕が残るはずなんだ。それで六発撃ったらそれの分だけの鉛の弾だからその分の弾の量が残っているわけ。だから四発の量か六発の量残っているのか調べたら六発撃ったのか四発撃ったのかすぐわかることなんですよ。

――判決では四発となっていますよ。

四発となっていますか。

――判決における事実認定ね。六発とはなっていない。

蓑原のとき六発撃ったと。全部全弾撃っているという感じになって、それで言っているけれども。

――じゃそのときは相手の人は死んだかどうか、あなたわからなかったわけですか。

うん、すぐ逃げて、というか、倒れたとき、向こうだという感じで警官が二人来てね。それでそのとき何回も撃つぞ撃つぞと向こう言っているわけ。だから今度撃たれるなという感じで目の前に来ていたから観念したわけね。だけども撃たないで向こうというか被害者の倒れているところに帰ってしまったわけね。だからその逃げられたんだけれども。

——それで、そこからまた逃げたわけね。

（うなずく）

——逃げて、東京へまた戻りましたか。

海が見たくなって、神戸に行って、神戸の港へ行って、そして西宮のとこのパチンコ屋で、前に行ったときも勝ったけど、そこで二千円近く勝って、かみそりと交換してね。その帰るときというか、パトカーが目の前に来て逮捕されると思った。だけども、スーッと通り過ぎていってね。そして電車に乗って、鈍行で東京方面に帰ってくるんだけれども、あれは小田原の前かな、鈍行に寝てたら刑事が二人、目の前に来てね、人殺しとか何かきつい言葉を言って、そして本人が起きたら、黙ってにらめっこするような形でね。それで、小田原辺りで降りたのかな。すると、その二人の刑事みたいな人が降りてきて、それで靴の紐がほどけてたからそれを直そうとしたらその人が行ってしまって、ちょうど汽車が発車する時間になったから、もう一度乗り返して、要するにそこでまいたというような感じでね、兄貴のところに帰ってくるわけ。

——ほんとにそのおまわりはあなたを捕まえる気だったんですかね。

いや、わからなかったです。ただ、不審な少年がいるという感じで、そんなことやったんじゃないかな。

――また忠雄のところに行って、それからどうしました。

それで、事件、東京と、京都の事件を犯したんだということを言って、それで信じないから弾とピストルを渡したわけね。弾、五発ぐらい入ってたと思うけども。それでようやく信じて、それで北海道に行きたいと自分が言うと、なぜ北海道に行きたいのかと。網走で死にたいんだということを言ったら、忠雄は、熱海でもいいじゃないかという感じで言ったわけね。それで、本人が泣いて、そしたら忠雄はかわいそうに思ったのかな。とにかく金、作ってやると。いいからアパートを出ろと。迷惑かけるから出てくれということを言ってね。それで、「ウィーン」の近くの駅前なんだけど、池袋の東口の、そこの喫茶店で待ってろということで、待っていたら、貯金を八千円ほど下ろしてきてね。八千円だったかな。それとバラ銭、百円玉の硬貨十枚くらい入れて、全部で九千円ぐらいくれたのかな。それで、そのとき事件の報道があってね。広げて、こうやって報道されてるから逃げられないぞということを言ってて、そういう感じでびっくりしたけれどもね、そのとき。それで、そこを出てピストルを渡していけと言うんだけど、ハイミナールね、睡眠薬くれたら渡すと言ったんだけど、取り合ってくれないでね、じゃあ、行けという感じで、そこで別れたわけ。

――そのとき、忠雄兄さんは、あなたに警察に自首しなさいと勧めなかったですか。

うん。勧めたけども。弁護士つけてやるからという感じでね。それで、なんで殺したのかと。向こうがかかってきたんだということとか言ってね。それで、ピストルはどこから取ってきたのかと。盗んできたことを言わないで、横須賀からということだけ言って、それで、そういう感じでね。あと、おふくろのところに寄るなよと、北海道に行くとき。

――で、忠雄さんから自首を勧められて、あなた、どうして自首しなかったんですか。

網走で死ぬんだっていうことを言って、それで来たわけ。

――自分の意思で自殺をしたかったわけですか。

そう。

――それで、網走に行くには、上野駅からまず汽車に乗ったわけですか。

着物とかクリーニング屋に預けたり、いろいろものを隠してたから。千円銀貨とか、オリンピックのね。横浜に戻って、それで着物とか用意して、それで乗ったわけ。大宮から乗ったんですよね。

――横浜に戻ったと言いましたが、横浜にあなたの家があったんですか。

いや、ないけれども、沖仲仕やってると、ロッカーに入れたり、そういうロッカーに入れるとお金が高いから、クリーニング店に預けておいたら、それ、ただで預かってもらうとかしてね。あるいは、いろいろな所に銀貨とか埋めたりしてたわけ。それを全部かき集めてね。

――それで、北海道まで渡ったわけですね。

はい。

――いきなり網走に行かなかったですね。

はい。

――まず函館ですか。

函館に降りて、そこからというか、港とか駅前を歩いて、それから、森という駅があってね、そこにも寄っていきたいと思ってたから。

――何かあったんですか。

というのは、小学校のころ、初めて家出して、そこで捕まってたりしてね。それで、思い出の所、全部寄ってくというような感じで、したかったんだと思う。

――それは、今生の見納めという感じですかね。

（うなずく）

――で、あちらこちら見物したわけですか。

（うなずく）それで、その森まで買わなくて、「ながまんべ」と言ったのかな。

——長万部と書いて「おしゃまんべ」と読むのね。

だけれども、それが分からなくて、切符を買うときに「ながまんべ」と言ったんだと思う。そしたら笑われて、「おしゃまんべ」ですと言われて、それでそこまで買って、途中、森という駅のホームに下りてね。何にもない、板柳みたいな駅でね。それで、すぐその同じ汽車に乗って、それで長万部まで行ったわけです。

——その次、函館に行ったわけですか。

いや、長万部。

——その次、どこに行きましたか。

長万部に行って、そして降りて、そこから自転車を盗んで北上したっけ。あれは小樽の前の駅くらいまで。

——長万部から網走まで自転車で行こうとしたんですか。

小樽。

——だって、あなたは網走で死ぬために北海道に渡ったと言ったね。

うん。だから今言ったように、記憶にある所をずうっと見ていきたいという感じで行ってたわけ。そして、各駅みたくやったのは、青森まで来る間に、汽車にいるといろいろ話し掛けるわけね。それがいやで、各駅みたくというか、途中、降りて行ったわけね。

——長万部から自転車でどこへ行こうとしたんですか。小樽は方向は分かったが、どこまで行くつもりだったの。

だから、網走まで行くんだけれども、そういうふうにずうっと長い間、汽車にいると、話し掛けられるからそれがいやで、途中、そうやっていって行こうという感じでいたわけ。

——で、自転車で小樽まで行った。

いや、小樽の前。

――相当の距離じゃないですか。

（うなずく）相当の距離だ。

――一日ぐらいで行きましたか。

一日かかったか、かからなかったか、よくわからないけど、その翌朝はとにかく小樽に行ったわけね。小樽の駅に着いてね。途中から汽車に乗ってそれで小樽に着いて、その汽車の中というのは、一番汽車なのかな、おふくろと同じような背負子（しょいこ）の人たちがいっぱいいたわけ。

――背負子というのは、荷物を持って行商に歩く人のことですか。

そう。

――で、小樽に行って、降りたわけ。

降りた。

――何しました。

別に、何もしないというか、駅前を少しぶらぶらして、すぐ帰って、また汽車に乗って、そして札幌に行ったわけ。

――札幌でもぶらぶらして。

（うなずく）

――その次は？

札幌、ぶらぶらというか、ぶらぶらしてると夜になって、それで、あれ、何公園かわからないけれども、公園の中で段ボールにくるまって寝てたわけなんです。

――札幌の十月中旬は寒いんじゃないですか。

寒い。

——段ボールで寝れたんですか。

すぐ起きたわけ。起きて、あれは、喫茶店入ったり、映画あったのかな、そういう感じで、駅に行ったり時間つぶして、翌日の朝というか、また札幌の駅の食堂で食事したりして、それで、そこまでの間に網走に行く気、なくなってしまったんですよね。

——それはなぜですか。

寒い中、ガタガタ震えて寝てたでしょう。その中で、どうせ死ぬんだったら熱海でもいいじゃないかというその言葉に引っ掛かって、それで、あのとき、なんでピストル撃たなかったんだろうと思ってね。

——自分で自分を、ですか。

いや、そうじゃなくて、忠雄兄貴を。というか、いろいろリンチとかやってね。そういう恨みが忠雄にあったわけね。そういう中で事件を起こしたと思ってたわけね。その当時は。それで、そういう感じもあって、それで、熱海で死んでもいいじゃないかという言葉にずっと拘泥してたわけ。それで途中から、どうせ死ぬんだったらもっと暴れてやろう、暴れてもいいじゃないかと。

だんだんだんだん怒りに変わってきたわけね。それで、そういう中で、初めて、何て言うか、もう一度暴れてやろうという感じで、それには東京へ帰ろうという感じになって、だけれども、そう思ったけれども、やはりお金もらってるし、と。非常に動揺してたわけね。やはり網走へ行こうと。とにかく行こうと。網走へ行ったら何とかなるという感じでね。そうやってウロウロしてたわけね。それでまた各駅というか、切符みたいなの買って、地図を見て、近くの、ミサワじゃなくて、そういう感じの駅の切符を買って、それでホームに行って乗ったわけ。それで、疲れてて、寝てないから、ほとんど。で、次に起きたら苫小牧だったわけ。それで、汽車の中に誰もいないんだ。それで駅のホームの所に列車が入ってて、その中に本人が一人いて、そこで起きたわけ。それで、その間、何があったのか全然わからないわけね。

――それからどうしました。

それで、駅のホームのあれ見たら、苫小牧って書いてあって、ああ、別な所に来たと感じて、それで駅のほうに行って、それで地図見てね、これ、もう網走に行けないという感じ、地図見て思ったわけ。汽車の線路だけ見たからそうなったのかもしれないけど。そこで初めて、やはり東京に帰ろうと。もう一度暴れようという感じでね、そこからずうっとなっていくわけ。それで、駅の近くの普通の住宅から自転車を盗んだわけね。それに乗って、室蘭経由して、長万部までまた帰って行ったわけ。

——暴れてから死のうという意味ですか。

うん、そういうこと。

——で、その次はどこへ行きましたか。

長万部に行って、それで、そこで自転車から汽車に乗って、それで森という駅の近くで、『社会科用語事典』あるでしょう、あれに書いてる文章を書くんだけれども、万年筆を持ってたんだけれどもインクが出なくて、それと鉛筆と交換してもらったわけ、汽車の座席の前にいた高校生ぐらいの人にね。それで、向こうは鉛筆と万年筆だからいいって、万年筆を返してくれたんだけど、自分のほうは、いいからと。記念だからという感じで無理に分け与えて、それで鉛筆と交換してあれを書いたわけなんですよね。

——あれを書いたって、何を？

『社会科事典』に書いてあるでしょう。せめて二十歳まで生きるっていう〔永山は事典の余白に以下を記した。「わたしの故郷で消える覚悟で帰ったが、死ねずして函館行きのドン行に乗る。どうして彷徨ったかわからない。わたしは生きる　せめて二十才のその日まで。罪を、最悪の罪を犯しても、せめて残されたに日々を満たされなかった金で生きると。母よ、わたしの兄妹、兄、姉、妹よ、許しを乞わぬがわたしは生きる。寒い北国の最後を、最後のと思われる短い秋で、わたしはそう決める」」。小さな『社会科事典』に。その上のほうに書いたわけ。そして、その前のほうに、万年筆と鉛筆とを交換するということも書いてたと思う。

——その次、函館に行ったんですか。

そう。

——東京へ帰る途中ですね。

そう。それで、というか、まだ連絡船でしょう。そうするともう帰ってこれないと思ったわけね。ああいうふうに決意したけれども、というか、決意するために帰ったんだけれども、まだ迷ってたわけ。お金もあるしね。網走へ行ける汽車賃もあるし、帰るかどうか、まだ迷ってて。

——その金は忠雄さんからもらった金の残りですか。

それもあるし、自分のもあるし。

――そして、迷っているうちに、何か考えたわけですか。

というか、夜になってね、それで駅の方向に行ったらタクシーが何台も通ってるわけね。こちらは非常に寒いわけね。それで、なんか向こうがあったかい所にいてね、走ってるという感じになってね。それで、こう、いろいろなものがあったんでしょうね。そのあれをやろうっていう感じ、そのときなったのかな。とにかく乗ろうという感じになったわけね。タクシー一台止めて、それで乗ってしまったわけ。それで、どこへ行くって聞かれたんだけど思い浮かばなくて、七飯のほうにやってくださいということを言って、ずっと乗ってたわけね。

――あなた、よく七飯なんていう地名、知ってたね。

いや、前に来てたから。五月ごろかな、大沼に行く途中、歩いて帰ってきてあれしてたから。

――それで、その乗る前から、あなた、さっきもちょっと言ったが、やろうと思ったっておっしゃったが、何をやろうと思ったんですか。

というか、とにかく忠雄の言葉が引っ掛かってて、それでお金もらったこともあるしね。北海道に来たんだということを知らせる意味もあったかもしれない、忠雄に対して。そして、社会に対しても復讐するんだという決心みたいなものが。

——つまり、運転手を殺そうという意味ですか。

うん。

——復讐のために。

うん、そういうふうな方向で行ったんだと思う。要するに、乗った以上はね。というか、何か大きいことをやろうと思ってたわけね。それで、大きいこと何かといったら、もう人殺しやってきてるしね。そういう感じで、そしてピストル持ってたし、そういう方向で流れていったんだと思う。

——で、七飯に行ってくれと言って、運転手さん、七飯方向に出発したわけですか。

はい。

――それからどうなりました。

だいぶ走って、自分は居眠りという感じで、目つぶってたわけね。そうすると、着きましたって言って、どこですかって聞いたから、止めてってすぐ言ったわけね。そしたら急激に止めて、それでしばらくいたのかな。それでまた、いいです、前行ってくださいということを言って、それで、どこですかと言うから、次、曲がってくださいと言ったらその事件現場の道路、曲がってたわけ。それで、自然に、あと、家がないためかな、スピード落として、あるいは坂道だったかもしれないけど、そこで止まるような形で、ここですかと言うから、そのときピストルを二発撃ったわけね、すぐ。

――後ろからですか。

はい。

――そうすると、被害者はもう、すぐ倒れたわけですか。

うん、ぐったりしてしまった。そして、タクシーがどんどん、どんどん下がってくるわけ。それで、ドンという音で石に当たって、垣根ですか、ちょうど出れなくなってね。それで、前から逃げていったんだけれども。その逃げるとき、犬がほえてて、非常に慌てて、それで反対から逃げようとしたんだけど、こう、ドアのロックのポッチをあげてもすぐ下りてしまうわけね。慌ててたからかもしれないけど、ドアが開かなくて、それで前から、前にまたいで行くとき運転手を見たら、お金、ポケットに入ってたわけね。それを取って逃げたんです。

——なんぼくらい入ってました。

いや、そのとき全然わからない。

——後で見たら。

あれは七千円か八千円くらい。

——時間は、夜の十一時ごろですか。

（うなずく）深夜だと思う。

——で、その次、今度、横浜に行きましたか。

次は、オールナイトやってたからね。映画館に行って、途中、その七飯辺りかな、自転車盗んで。それで、あれは『西部戦線異常なし』という映画だったかな、オールナイトやってて。

——それはどこ？

函館。函館に行って、そこに入って見てたら途中で寝てしまってね。朝起きたら自分一人だったんだ。それで映画館の人に起こされて、おじいちゃんだったんだけど、それで出て、駅に行くときサイレンが鳴ってたわけ。ああ、という感じで。発見されたなということでね。そしてすぐ連絡船に乗って、そのときまだ盗んだお金、使わなくてね。函館行ったときは仙台まで帰れたのかな。そのお金持ってたわけ。千円オリンピック銀貨とかケネディコインとか一ドル銀貨とか、あるいは普通のお金、五百円以上とか。それで、とにかく仙台まで買ったわけなんです。自分のお金で帰るという気持ちがまだあって。それで、仙台まで汽車で行って、そこから駅前のパチンコ店かな、そこから自転車を盗んで、それで福島まで行ったわけなんです。

——自転車で？

そう。

――それから。

それで、福島の駅前のパチンコ店にその自転車を置いて、そこから汽車で横浜へ帰ったわけ。

――横浜で、また沖仲仕に戻ったんですか。

うん、少しやってたけども、何でというか、後で分かるんだけども、函館の事件が出てこないわけ、新聞見ててもね。それで、向こうの人、生きてると思ったわけね。それで、兄貴にも言ってあるし、京都でジャックナイフに指紋残してきてるし、向こう、何かやってると。警察が何かやってるという感じでね。それで、函館の人、まだ生きてると思ったわけね。それで、そのころから横浜も刑事が多くなってね。それで寒くなってもいたし。それで、近く逮捕されるかもしれないと思って、とにかく久江とか保とか順子とかが名古屋に当時いましたから、そこで死のうと思って、それで名古屋に行ったんですよね。

――北海道から本州に戻ってくるときは、熱海で死ぬつもりだったのではないんですか。

いや。

——そこまでは考えなかった。

（うなずく）

——じゃあ、今度は、名古屋で死のうと思ったわけ。

そう。

——名古屋に行ったのは、その年、昭和四十三年十一月二日ですね。

ごろだと思う。

——名古屋に行って、その兄弟のところを訪ねましたか。

いや、というか、もう逮捕間近だと思って。本人が犯人だって分かってると思ってね。それで、もうひと暴れするという感じで行ったわけなんです。

——名古屋で、また働こうと思わなかったですか。

（うなずく）それもあったけれども、同時に、警察とか来たら、撃ち合って死ぬという気持ち、持ってたわけね。常に。

——死ぬというのは、ピストルで自分を殺すという意味ですか。

うん。それもあったかも分からない。最後になるとね。

——それで、十一月五日に事件になりますね。

うん。その前に、何ていうか、ここで終わりかもしれないという気持ちもあって、そのお守りみたくして持ってた、オリンピック銀貨とかケネディコインとか、あるいは一ドル銀貨とか、それを後で知るんだけれども、「オリエンタル中村」というデパートの六階か七階だと思う。そこの小銭コーナーがあって、そこで日本円に換金してもらったわけね。普通のね。それで、行ったら、オリンピック銀貨は買うと。三千五百円で買うと。だけれども、アメリカの一ドルとかケネディコインは要らないと言ったんだけれども、一緒に全然お金取らなくていいからということでね、本人のほうが渡してきたわけね。で、お金はそのオリンピック銀貨の三千五百円しかもらわなかったけれども、そして、夜になったのかな。で、材木置場の所で寝てたんだけれども寝られなくて、寒くてね。それで、人通りのある方へ歩いていくと、大きな通りがあって、そこを歩いてるとタクシーが来たわけね。

――時間は、真夜中の一時二十分ごろですか。

そう。だと思う。

――タクシーが来て、どうなりましたか。

ドア開けるからね、それで、あったかかったからかな、すぐまた乗ったわけね。それで、どこ行く？　って聞いて、港行くと聞いて、発車して、途中というか、駐在所の赤いランプがあって、それをずうっと見てくとだんだん不安になってきてね。それで、運転手は、港に何しに行くと。今行っても何もないぞと。それで、港で働くんだとか何とか答えてると、あなた、東京の人でしょうという感じで言って、それからドキンとして何も口きかなくなってしまったわけ。

――なぜ、ドキンとしたんですか。

というか、手配されてるのかと思って。要するに、本人は、もうほんとに逮捕間近だと思ってたわけね。犯人が永山則夫だと知ってるという感じで思ってたわけ。それで、函館の人も生きてると思ってたから。そういう感じで事件が起こったわけ。

――そうすると、警察に連れていかれると思ったわけですか、そのとき。

いや、連れてくかどうか分からないけど、とにかく通報されるかもしれないという感じになったわけ。

――通報されちゃかなわないというんで――。

いや、それはいいけれども、そういうふうに彼が思ってるんだったら、こっちも撃つぞという感じもあったわけ。どう言ったらいいのか、とにかくずうっとタクシー走っていって、長い距離だったと思うけれども、それで、どの辺？　とか何とか聞いたのかな。それで、次、曲がってくれという感じで言って、そしたらその犯行現場の所に行ってね。それで、止めてくれということで、止めて、すぐ止めたら、何かおかしいという感じで彼言ってるわけね、被害者が。それで、その後、すぐピストル撃ったわけね。

――それは何のためですか。

というか、事件を起こすということもあるけれども、大きなことをやるんだっていう気もあったし、とにかく名古屋で死んでいいという気持ち持ってきたから。

――大きなことをやって自殺するんだったら、そこで、被害者を殺して、そのピストルで自分の頭をなぜ撃たなかったんですか。

撃ち合って死ぬと思ってたからかな。警官とかと。要するに、手配されてるという感じを持ってたわけ。

――撃ち合いの中で死ぬのが望みだったわけですか。

そう。

――じゃあ、むしろ、通報してもらったほうがよかったんじゃないですか。

うん。だからそういう感じでね、もう通報というか、手配があるのかもしれないと。そういう感じで、ここで撃ったら、当時、非常線とか張ってたから、すぐ大きな捜査活動になるという感じもあったかもしれない。

――そこのところについて、最高裁判決では、そのとき名古屋の被害者伊藤正昭に対し、「待って、待って」と命ごいするのを聞き入れず、殺害したもので、執拗かつ冷酷きわまりないと最高裁は認定をしておるんですが、これは、前々回のあなたの供述ですと、事実無根であるとおっしゃいましたね。

はい。

――こういうやり取りは全くなかったんですか。

いや、だからおかしいなということを言って、そしてピストル撃ったでしょう。そしたら、あ、この野郎というか、待て、この野郎という感じでこっち向いてきたわけね。で、本人は、かかってきたと思ったわけね、この野郎って言ってるから。それで、目つぶって、心の中で、うるさいという感じに思ってたんだと思うんだけど、撃ったわけね。そしたら倒れてきて、目を開けたら、もう血を流してるわけね。この辺（額を示しながら）から。ドロドロね。それで初めて血を見ておっかなくなってね。それですぐ逃げたわけ。帰ってきた道を逃げて、そして橋があって、橋を越えた所かな、逃げた方向の右側の方にダンプがあって、ダンプのところで薬きょう見たら四発撃ってたことが分かって、それで二発残っててね。だから、六発込めるということは、あそこで初めてだったんじゃないかな。普通だと、一発暴発するから五発しか込めてないけど、名古屋では六発込めてたわけね。それで空薬きょうを抜いて、それでもう一度六発に込め直して、それで、あの人まだ生きてるから、あれ、撃ちに行ったのかどうかわからないけど、とにかくもう一度戻ったわけ。戻ると、いないわけね。ドアが開いてて。それで、周囲を見たんだけどいなくて、回ってみたら、ライトついてたろうかどうかな、自分で消したのかも分からないけど、後で。ざぶとんが下の砂利道に落ちてて、血がべっとりついてて、中も血だらけで、ざぶとんを拾って中にやってね。そして、そのドアの下のほうにお金の袋が入ってたから、それをバシッと力を入れて取って、それで逃げたんだけど。その前に、運転台のほうに腕時計があって、それも一緒に取ってきたんですよね。それで、また、帰ってきた道を逃げて、そのときもう既にパトカーがサイレン鳴らしてきてたわけ。それで、川沿いに逃げて、橋を渡った所に鉄工所みたいなのがあって、赤い火があってね。その近くの材木工場というんでしょうかね、材木屋の所で時計のバンドを抜いて、時計の本体だけ持つようにして、そしてそこでお金を数えたら、七千円か八千円くらいあったのかな。その後、また再び横浜へ帰ってきたわけ。

——その後で、あなたのいわゆる静岡事件というのが起きておるようでございますが、あなたとしても最も言いたいことだと思いますからお尋ね致しますが、あれは昭和四十三年の十

——一月十六日でしょうか。

そう、静岡に着いたのがね。

——静岡に着いて、それから何をしたんですか。

それで、要するに、映画見てたりして、それで映画館の中で、『クワイ河マーチ』〔『戦場にかける橋』〕という映画やってた映画館で、刑事の尾行に気づいて、それで、その前からもう横浜へ帰ると、私服と普通のおまわりさんというか、警官の人の服装の巡回がすごかったわけ。それで、逮捕されるんだったら金嬉老〔一九六八年二月、差別を糾弾して静岡県の旅館に籠城した〕のいた静岡がいいかもしれないという感じでね。金嬉老にあこがれていたから。それで、そういう感じで静岡へ行ったんだと思う。それで、さっき言ったように刑事に気づいて、それでその尾行を確かめるために、どんどんどんどん大きな事件やってったんだ。それで、放火やったりして。

——放火というのは、どこに火をつけたんでしたっけ。

グリコという事務所のカーテンに。グリコの事務所があって、静岡高校の前の。それで、上に人がいて、ガタガタ下りてきて、その後だったんだけど、要するに騒ぎを大きくしようと思ったのかな。

——つけて、パッと燃え上がったんですか。

いや、ただ、カーテンに火ついたなという感じで、それですぐ逃げてきて。

——その次は？

その次、その公園にいた完全武装したおまわりさんが来て、その人が、その後行った理髪店とか喫茶店とか、ずうっと見てたみたい。尾行というか。不審に思ってずうっと見てたのかな。ついてきて。その後で知るんだけど、駅前の三菱銀行に入っていって、それで手配されていて、それで空撃ちして逃げて。

——銀行で何やったんですか。

貯金持ってきてね。それで、とにかく銀行へ行くんだという感じで、銀行で暴れようとしたのかな。だけれども、入ると女の人とかいて、これじゃまずいということで、便所に行かしてくれって。そこで、その便所で待ってたわけね。

——何を待ってたんですか。

というか、必ず警官が来るという感じで待ってたから。それで、警官が来たんだ、二人ね、完全武装した。係長というか、そういう銀行の係の人に連れられて。で、トイレに行って、その人と三人で来たわけ。それで、警官だからピストルを持ってるし、撃てという感じで空撃ちしたわけね。一回めは撃鉄を引いただけで向けて、向こうは、ああ、おまえはという感じで腰を低くしたような形になって。それで、撃たないからまた逃げて。

——あなたが警官に向かってピストルを撃ったんですか。

そう。

——ただし、空弾。

うん、そう。一発めは撃ったのかな。撃ったんだと思う。それで、二発めか、撃鉄を引いただけだったのは。

――警官はどうしたんですか。

警官の前に係の銀行員の人がいて、その人がいたために撃たなかったのかな。よくわからないけれども、向こうも怖かったのかもわかんない。とにかく逃げれたわけね。入り口に男の人が立ってたけれども、開けてくださいと言ったら、ぼけっと立っててね。それで、とにかく外に出てしまったわけ。ドア開けてね。そして、そこで自分は撃たれると思ったわけね。というか、もう撃たれて死のうと思ってたからね。それで空撃ちやってたんだけど。

――警官は何人くらいいましたか。

いや、そのとき、二人しか見てない。で、そうやったのは、名古屋の人、被害者の血を見て、初めて復讐したという感じになってね。今度は自分の番だという感じを持って、それでそういうふうに実包は撃たなかったわけ。自分を撃てという感じで、(二人で)〔もう〕死んでいいと思ってたから。それで、その入り口に警官がいると思って出たわけね。ところが、いないわけ。それで、一分くらいぼけっとしてたのかな。それで、ドアが開かなくて、後ろの人も追ってこないわけね。しょうがないから、駅前の公園のほうの交番に行って、交番の前に立ってたら、そのおまわりさん、電話かけてて、電話の受話器を置くと銀行のほうに行ったから、自分もついていって、銀行のほうに行って、そしたらパトカーが銀行のほうから来て、そしたら、四つ角のとこをちょっと止まったけれども、ずうっと歩いていったんだけれども、反対のほうに行ってしまうという感じで。

――あなたは、そのとき、手にピストルを持ったままですか。

いや、ポケットにもう入れてたから。

――で、それで終わったんですか。

終わった。

――つまり、あなたは逮捕されなかったわけ。

はい。

――そのとき、警官たちがあなたを逮捕しなかったのはなぜだと思いますか。

これは後からわかるんですけども、第二次弁護団ね、第一次助川弁護団の後の後藤昌次郎とかが、本人が逮捕されたとき、少年法改悪のキャンペーンされてるとか、あるいは、「静岡新聞」の昭和四十三年十一月十七日号を見たら、一〇八号は必ず県下に現れると。それで、準特捜本部を置いてる、要するに尾行行動をやってる記事があるんです。それとか見せてくれたらいいのに、今〔日〕〔回〕のように、すぐ精神鑑定でしょう。それで、とにかく時間かからせるようなことばっかりやって、その間に静岡事件の犯人の指紋調書をなくしてしまったりしてるわけね。その間に、一審中弁護人抜きの裁判の指名第一号に指定されたり、そういう感じで、もみ消されてること。それで、全部、本人が長引かせてるんだという報道をやってるわけね。そういう感じから、その逮捕後の新聞報道を見ると、少年法改悪のために、ある時点から、犯人が少年だと、永山則夫だとわかった上で泳がせていて、それで、静岡事件では確定的にそれがわかっていて、そして大きな事件を犯人にやらせてね。そして射殺するとかしてね。そして少年法の改悪をもくろんだのかもわかんない。

――つまり、あなたをして、更に犯罪を犯さしめて、それをもって少年法を改悪しようと権力がたくらんだからだと思ってるわけですか。

うん。それで、逃げれたのは、本人がピストルを撃たなかったでしょう。もう血を見てから撃つ気なくなってしまったわけね、名古屋のね。だから助かったのかも分かんない。あれ撃ってたら、やられてたわけね、警官だから。

――そして、その次の最後の事件が、いわゆる千駄ヶ谷の「スクール・オブ・ビジネス」の事件ですね。

はい。

――そうすると、その四十三年十一月に、あなたが静岡で逮捕されるか、あるいは射殺されておれば、最後の事件は起きなかったわけですか。

うん、だと思う。

――名古屋事件から千駄ヶ谷事件まで約四か月あります。が、その間は、いろんな仕事をまたやったわけですね。

沖仲仕を少しやって、新宿に行って、「スカイコンパ」かな、そこのボーイやったり、カウンターに入って仕事してたり。その次は、逮捕されたときいた「ビレッジバンガード」、そこにボーイとして勤めていたり。

——深夜喫茶店でしたか。

はい、そうです。

——それが最後ね。

はい。

——で、事件の最後は、昭和四四年四月七日の真夜中に発生しておりますが、千駄ヶ谷の「スクール・オブ・ビジネス」、これは何しにあなた、ここに行ったんですか。

その前に、「ビレッジバンガード」にいたとき、イチというあだ名で、みんな「イチ、イチ」と呼んでたんだけれども、これは今、目黒辺りで消防署員やってる人なんだけど、金子道夫という人が前いて、出戻りで帰ってきたということで、それでバーテンになって、彼が来てから刑事が、ほかのこととかもあったんだけれども、出入りすることが多くなってね。そういう中で、「四人殺しながさん」とか彼が言って、それでそういう感じでもう手配されてるということがわかって、その前かな、おふくろに手紙出してね、お金を五千円送ってもらったんだけど、そのとき刑事が二回来たと。で、本名で勤めてたから。そして、静岡では顔も見られてるし、京都ではジャックナイフに指紋残してきてるし、そして忠雄兄貴の所にも行ってるでしょう。「新宿ノート」っていう、押収されてるノートを見たらわかるんだけれども、要するに、明治の森で逮捕されるという形の詩を書いてるんですね。それで、そのとおり実行したわけ。

——明治の森。

（うなずく）明治神宮の森。

——じゃあ、そこで逮捕されようとして。

というか、逮捕というか、そこで射殺されていいと思ってね、原宿事件やってたんだけれども。

——それで千駄ヶ谷に行ったわけですか。

そう。それで、女の子とかのこともあってね。要するに、二十歳までに死ぬという気持ちでいたからね。そして、「新宿ノート」というものにも、それ、書いてるから。二十歳になる前にということで、題字つけて。

――起訴状では、その千駄ヶ谷に行った目的は、窃盗の目的だと書いてあるんですが、そうなんですか。

それ、全部そうなって、本人、今もあんまり変わりないんだけど、言わないでしょう。で、刑事があれこれ聞いてうるさいから黙ってるのね。そしたら、お金のためとか言うわけね。うんって。そしたら、そのとおりなってしまうわけね。

――事実はどうだったんですか。

だから、今までやってきたように、社会に対する復讐みたいなものがあって、で、そうでなければ説明つかないでしょう。名古屋の事件でも、盗んだお金よりも被害者の持っていたお金のほうが多いわけね。それとか、お金にならないことばっかりやってるのね。殺人の土方じゃないんだから。ほとんど盗んだお金も電車賃とかで消えてしまう。そして、スナックですか、バーですか、そういうところのためにやったんだ、お金の目的でいろいろやったんだと言ってるんだけれども、もう既に言ってるとおりに、チェリーブランディーという酒ね、それを二百円で買ったら一晩いれるわけね、朝まで。だから、ほとんどそういうところではお金使わないわけね。それで、金のためということをマスコミは報道してるけれども、実際はさっき言ったように名古屋でもそんなことばっかりやってるし、実際、金を取る目的だと非常におかしいことばっかりやってるわけね。それほど異常であることばっかりやってるわけ。だから最高裁の判決とかでも金のため、金のためというのは、本人が訴えてるものが余りにも大きいために、そして普遍的であるためにそういうふうになっていくんだと思う。

——そうすると、五つの事件、すべて、金を目的で始めたことではないわけですね。

（うなずく）全くない。

——もちろん、最後の千駄ヶ谷事件しかり、と。

はい。

——「スクール・オブ・ビジネス」の事務室に入ったこと、これは間違いないですね。

はい。

——真夜中の、午前一時四十分ごろ。

はい。

——で、また警備員に見つかったわけですか。

というか、その小さな窓口から、玄関の窓口から入ってきたんだけど、後ろから行ってね。ホールに出て、ホールのところから入ったんだけれども。そして、入って、警報機ね、金具というか金属類のロッカーとかに全部、磁石で警報機がずうっと付いてるわけ。そして、一ヶ所に電源があって、そこから引いてて、そして、はさみを探してその警報機を切ったら、あれは青から赤に変わったのかな。どっちか分からないけど、すぐ変わって、ああ、警報機、通じたなという感じでね、行ったら、電話かかってきて、事務所の人ですかという具合にかかってきてね。はい、そうですって言って、ガチャンと切ったわけ。そして、十五分くらいしたのかな。そしたら、ガードマンなんだけれども、来たとき、警官の格好してたし、警官だと思ってね。要するに、二、三メートル離れたところで、ドアのガラスの方向に向けて撃ったわけね。出てからも同じ方向に撃ったんだけれども。暗がりの中で格闘やってて、それで外に出て、けん銃を落とされて、そこで初めてガードマンだと分かったわけなんです。それで、その落とされるというか、拾いに行ったとき、もう一人の人が来てね。車がパトカーみたいだったから、パトカーが来たと思ったわけね。それで後ろの人を見ると、ピストル持ってないで、ああ、ガードマンだという感じで、そこで初めて逃げなくちゃいけないと思ったわけ。それで、左側にある事務所のガラスの方向に向けて撃ったわけなんです。で、そのとき、その格闘やってた人が、本物のけん銃だと思ったんでしょうね。ぼーっとしてしまって、突っ立ってたから、こちら、逃げれたんだと思うんだけどね。そして、天皇の宮廷ホームですか、あそこから明治の森に逃げたわけなんです。

――あなた、今、ガラスに向かってピストルを撃ったと言ったね。

（うなずく）

――一審判決によれば、そのときあなたは、ガードマンを射殺して逮捕を免れようと決意して、同人を二回そ撃したと、こう書いてあるのですが、殺すつもりはなかったわけですか。

全くない。それで、ガードマンの人も法廷の証言と現場で調書を取ってますでしょう、それと矛盾してるのね。現場の捜査官が書いた調書では〔おもちゃの〕ピストルだと思ったって本人の言葉として載ってるわけね。ところが、法廷の証言では、一発目を撃たれたときから頬をかすったんだと。それで、最初から本物のけん銃だと思って格闘したんだと言ってるわけね。ところが、本人は一発目から、彼が言うとおり右の頬ですか、かすったというなら向こう（左斜め前方を示しながら）に行かなくちゃいけないわけ。ところが、こういうところから二メートルくらいしか離れてなくて、反対の方向に行ってるわけね。ドアのノブのある、何て言うの、真ん中の仕切みたいなところに二発当たって、ガラスに当たらなかったけれども、本人の言ってるようにガラスに向けて撃ったというのはわかるはずなんです。

——あなた、ガラスに向けて撃ったというが、それと相手方の中谷利美さんという方は大分離れているわけですか。ガラスと、中谷さんは。

だから、目の前にいるでしょう。二、三メートルのところ。こんな小さな（両手で約三十センチ四方の形を示しながら）入り口しかなくて、そこを撃って出たわけ。で、その辺にいたわけね。そして、彼の言うとおり右の頬をかすったというんだったら、弾は向こう（左斜め前方を示しながら）に行かなくちゃいけない、全部、後ろ、壁でね。コンクリート壁で。ところが、その入り口のほうにガラスがあったわけね。逆の方向に行ってるわけ。だから、全然殺すつもりなかったということ、すぐわかると思う。

——二回とも、あなた、ガラスに向けて発射したんですか。

はい。

——このときは二発。

そう。それで、三発目は外に出てから、事務所のほうの大きなガラスに向けて撃ったわけ。

——それはほんとにガラスに当たった。

いや、向こうのほう、走ってきて、こちらも逃げるような形で撃ったから。そのとき、要するに右の頬というか、そういう感じで、シュッという感じで弾音聞いたんだと思う。というのは、弾音だけというのは、傷がないわけ。だから、多分、二、三メートル離れていたし、シュッという弾音を聞いて、かすったと言ってるんだと思う。

——じゃ、目の前に被害者がいたんだから、ほんとに殺そうと思えば、必ず殺せたわけですね。

そう。その前に、来るまで十五分くらいあったのね。本人は来るの分かってたから、窓とか、ドアの後ろ、逃げるんだったら後ろのドアがあったから、そこから逃げれたわけね。全部外して待ってたわけね。あと、はさみで警報機をブツブツ切ってね。そしてあとは、机を、やることないからね、開けたり閉めたりして。

――そのとき、逃げようと思えば逃げれたのに待っていたのはなぜですか。

だから、本人がイチとかのことでもう手配されてるとわかってて、そして泳がせていたということを、その当時、もう確信してたからね。そのイチとかが「四人殺しのながさん」とか言って。それで、さっき言ったように、指紋とか目撃者もいる。全部残してきてるという感じでいたから。それで、こういうふうに事件をやらせてね、何かやろうとしてるという感じを持ってたけれども。

――それはいいんだが、なぜ逃げなかったか。

だから、殺されていいと思ったから。

――殺されるために現場にとどまったと。

そう。だから、逃げたのは、ガードマンだとわかってからなんですよ。向こうがピストル持ってないと。

――ガードマンでは自分を撃ってくれないと。いつまで待っても、と。

（うなずく）それで逮捕されたときも逃げれたんですよね。あそこ、まだ開門してないこと分かってたし。明治の森で逮捕されたんだけれどもね、北口の。柵がしてあって、まだ開門してないことわかってて、カーブのほうから、こっち側から見えてたわけね。それで、警官とかパトカーがいるのが見えて、そこにずっと走っていったわけ。それで逮捕されて。

——前にも聞いたかもしれませんが、殺されようと思って待ってたということだが、自分で自分の頭をピストルで射抜くつもりはなかったんですか。

そしたら社会に対しての復讐にならないと思ってたわけ。だけれども、もう自分からは人を撃たないという感じ。血を見てから撃てなくなってしまったのかな。あれで自分は四人も殺してるし、というか、名古屋事件の後、函館事件の人が死んだっていうことがあって、それで、あの後すごいキャンペーンがあったわけね。それで、静岡事件を起こしたころは、キャンペーンの最中だったんだ。そして、取り逃がしたでしょう。そしたら、ピタッとそのキャンペーンがやんでしまってるわけ。だから、最高裁は、世間を騒がしたというんだけれども、騒がしたことは事実だけれども、それ以上に、刑罰とかの改悪をもくろんで、そういうふうに故意に大きなキャンペーンをやってたんだと思う。

——そうすると、自分で自分の頭をピストルでぶち抜くのは敗北だという考え方だったんですか。社会に対する。

うん、思ったけれども、逃げて来て、そのピストル見たら壊れてるのね。これで何というか終ったと思ったね。それでその朝というか、朝になる前なんだけれども　やったんですね。しけって入っていかないわけ。

――自分で自分の頭にピストルを撃った。

はい。

――いつですか、それは。

だから逮捕される直前。逃げて明治の森に行ったでしょう。そこでやったわけ。朝になる前。それでやったら、体から汗がどんどんどんどん出て来てね、それで　ぐったりして、そこへ眠るというか、そういうような感じで、朝までいたんだけれども、そして、そのあと走って行って逮捕されたわけ。もう、何というか逮捕されるしかないと思って……。

――自分の頭にピストル撃った時、どうなったですか。

だから、発射しないわけ。弾がしけってて不発弾だったわけ。

——それで逮捕されたと。

はい。

——以来、現在まで十七年経過したわけですが、獄中でいろいろなことを考えたろうと思うんですが、まずいろいろな著作を出しましたね。

はい。

——単行本は全部で何冊になりますか。

今度で九冊目ですか。

——そのほかに未発表の論文、あるいは翻訳、小説等一杯ありますね。

はい。

——あなたは、もともとは勉強が好きだったんですか。

いや。

——きらい。

きらいとか、そんなんじゃなくて、学校をね、記録によると、何か一、二年は、算数ができて、国語もよくやってて、好きな先生の時だったんだけど、小学校は非常に好きだったらしい。ところがリンチ以降、学校行かなくなって、差別されて、その後、きらいというか、とにかくコンプレックスを卒業した時には持ってたわけね。それで今なんだけれども、こんなにできるとは自分では信じられなかったわけね。マラソンと同じく走ってみて、初めて速いんだなという感じで分かったわけでね、それであとから考えると、うちのきょうだい全部頭いいのね。おれと妹たちは違うけれども。

——そうすると字などは拘置所に入ってから独学で勉強したんですか。

はい。

——漢字など。

はい。それは『無知の涙』のノート見たらわかることだと思う。

——その中で、賞をもらったのは「木橋」ですね。

はい。

——新日本文学賞。

はい。

——あれは昭和五十九年に単行本になって出たんですね。

はい。出ました。

――『無知の涙』は昭和四十六年に出版ですか。

そうです。

――あなたの所で聞いてる限り、『無知の涙』は現在までどの位売れてますか。

別れた和美、彼女があとで管理してたから、あれに聞かないと、よく分からないんだけれども、角川の文庫本入れると　大体二十五万部前後ですね。

――これは既に出ていることですが、そうやって出版した結果、その入ってきた印税は、ほとんどすべて被害者の遺族に、全部ではありませんが、慰籍料として払ったわけですね。

はい。

――全額、大体覚えてますか、誰にいくらかというふうな細かいことはわかりませんか。

大体、函館の人と京都の人しか受取ってくれないから。

――函館の人にどの位いったかわかりますか。

五百万以上いったと思います。

――それから京都の人は。

三十万前後いってると。まあ入ってきたらこれからもやるけどね、本人の生活もあるから、そして本とかに非常にいるからね、それで第二回の精神鑑定を受けて八王子刑務所に行ったでしょう、あの頃非常に四冊とか集中して出して、一千万位やれると思ってたわけ。函館の人にね。子どもにやりたいと思ってたから。そうしたら辺境社の深見という人が使ってしまって、それで渡せないわけね、それで井上光晴とかに交渉してもだめなのね、責任逃れをやって。それで結局はもみ消す方向で使われてしまってるわけ。そういうごたごたがあって……。

――あなたは獄中で現在も著述を続けてますね。

はい。

――今やってる作品、どんなものがありますか。

文学では、本当は文章学というんだけれども、本人の新しい科学ではね。一般に文学では「捨て子ごっご」というのを書いてて、今、五章七十九枚目まで書いて、来年の二月まで書くということを「文藝」の編集者に伝えてますけれども。

――雑誌「文藝」ですね。

はい。

――河出書房新社。

はい。

――ほかでは、今執筆中のものは。

今では、「大論理学ノート」。

――これは、いつ頃完結するか、見通しは立ってるんですか。

だから主流に今それをやってるけれども、岩波書店のその本〔ヘーゲル『大論理学』〕は四冊あるわけね、二冊目もあと十ページ位で終るんだけれども、その、化学の知識、あるいは、これから音楽も学習しなくちゃいけないわけね、それでそのところで見たらわかるんだけれども、非常に時間かかってるわけね、一年以上も。そして何というか、これ、まだあと二冊あるでしょう、あと二、三年かかるんじゃないかな。

――岩波書店はあと二冊とおっしゃいましたけれども、何の本ですか。

だから、ヘーゲルの「大論理学ノート」、それ〔ヘーゲル『大論理学』〕を批判する形でやってるわけ。弁証法にそってやってるから、まずその前の人の思想なりを全部引用してるわけね。引用して、次に批判して、そして新しい論理学を打ち立てようと思ってるんだけれども、新しい論理学というのは誰も唯物論の立場からやったことはないわけね、それでマルクスの『資本論』もあるでしょう、あれはヘーゲルの〈大〉論理学〈の論理〉（ノート）を唯物論に引っくり返して、経済学に適用した学問であるわけなんですよね。そして本人は今度新しく出した『ソオ連の旅芸人』あるでしょう、あれを犯罪学に適用して、そっくり展開してるわけね、あれも「無罪論」と言うんだけれども、どうしたら罪が人類からなくなっていく社会になるのかということを展開してるんだけれども、それも今度「大論理学ノート」を終ったら、やらなくちゃいけないわけです。

そして今「大論理学ノート」をやってるのは、この前言ったように、これからその五十年から百年の間に七十七人以上のマルクス級の学者を作ってみせましょうと言ってるのも、そこにあるわけ。今展開してる論理学を完成すると、まず唯物論論理学というのは、認識論、方法論、目的論から形成されるわけね、そしてこの論理学を完成すると、あらゆる方面の諸科学の中のその科学性をもっと高められて、『資本論』のような科学性の高い、何というか、著述を本人以外の人でもできるような形で今展開してるわけ。だから、たとえて言うならば、剣術あるでしょう。竹刀剣術発明したというか、それを体系化したのが千葉周作なんだけれども、その人が今の近代の剣法、発明というか改良して、今の状態にしたわけね、というのは剣術の中にある合理的な法則、全部集中してわかりやすく民衆に教えたから、物すごく流行したわけね、千葉周作の剣法は。それと同じく、学問でもそれができるという意味でやってるわけ。マルクスみたいな学者は一杯できると、本人がもっといい環境にあって、そしていい人材がいたら、研究所に入ってやってたら、二十年か三十年の間に今言ったようなマルクス級の学者は七十七人以上作るかもしれない、というのは、なぜ七十七人というのか、これは「大論理学ノート」にも出てくるしゃれなんだけれども、要するにあの当時はやってたみたいなんですよね、ヘーゲルとかも使ってて、それでレーニンも使ってて、七十七人のマルクスでもこの全世界の〔全〕法則とか発見することはできないとか言ってるんだけれども、それを言うのは、その要するに見方によって非常な種類の科学が出てくるわけ。その科学性、各科学を高めるという時、その一定の法則があるわけね、その段階の。例えば数量学なら数量学、化合学なら化合学、この前言ったように、まだこれ、科学になってないんだ、化学になって、単なる数学になって、統一の科学になってないわけだから、それ、単純なことさえやってないわけね。誰でも分かることなんだ、それなのにやってないと、そして、人類全体はよく百科辞典とか言いますね、百科とは何々か分かりますか、本人もまだ分かってないわけ。そして人類全体もわかってないんだ、百科、百科というけれども、百科辞典開くでしょう、ずっとやっていくでしょう、千科、万科辞典になってるのね、体系化されてないんだ、だから七十七人というのは、その百科というけれども、その百科全部の『資本論』を作ってみましょうということなんだよ、そして実際にもうやってしまってるわけね、今度の『ソオ連の旅芸人』で。世界に初めてだよ。『資本論』を引っくり返して、あのとおりの法則を使って、そしてやったことないでしょう。ああいうふうに、例えば、犯罪〔学〕の（ゆう）〔有〕、犯罪の中の、必ずそのある矛盾が、類破壊だと、この本質はこれだといって、そうやって証明した人は、今までいないわけね、ところがこうやって仲間殺しとか、今、いじめとか言ってるでしょう。全部、仲間いじめ、仲間殺し、突きつめると、類破壊なんだよ、犯罪の中には必ずその類破壊が出てくるわけね、その各科学の（ゆう）〔有〕をレーニンは捜せと言って、それを本人はやってるわけね、そうしたら法則もっと体系化できるわけ。そうしたらその法則を使って、どういうことできるかといったら、能動力が高くなるわけ。法則を使って自然社会を改良する。そうすると人間の自由度が高くなるわけ。自由度が高くなると、それだけ選択力が多くなるわけ。そうすると犯罪をやる自由もあるけど、やらない自由が多くなるわけね。その中で、犯罪がなくなっていくと本人は言ってるから、法則主義とか言ってるわけね、科学法則主義でなければならないというのはそこなんだ。

——それでは次に和美さんとの関係のことをお尋ねしていいですか。

はい。どうぞ。

——あなたと旧姓新垣和美さんが結婚したのは、昭和五十五年十二月十二日ですね。

はい。

——今日だね。

はい。

——六年前。

はい。

――あの方とは最初、文通から始まったんですか。

はい。何か『無知の涙』の読者で、それでその自殺を思いとどまったらしい、角川文庫を読んでるという話。

――そして和美さんのほうから最初あなたのほうに獄中に手紙がくるようになったのかな。

角川書店に来て、角川書店から本人の所に来たわけ。それで文通するというか、丁度英語の翻訳、ボンガーの翻訳やってて、あれは英文になってるでしょう。あれはアメリカの研究所がフランス語から翻訳してるんですよね。ボンガーという人は、『犯罪と経済状態』を一九一四年に大学の卒業博士論文として出してるわけ。出版したのは二年後一九一六年、そしてそれを、そのアメリカの犯罪学研究所が翻訳したわけ。何巻かあるうち、七巻か八巻位あって、その中の一冊として翻訳して、そして河上肇とか読んでたのは英語でしょう。そのアメリカのホートンという人かな、その人が訳した文章を読んでるんだけれども、そういう関係で、そういうアメリカの犯罪の本を知りたくて、送ってほしいという感じで、そういうことを目的として付き合い出したんだけれども、いろいろな資料とか辞典とか送る中で、静岡事件の国会の請願書ありますでしょう。あれを送ったら、あれを英文に訳してくれて、銀行とかにサインしてもらってきてね。

——アメリカのですか。

アメリカ人に、手当り次第サインしてもらってきて、それを送ってきたわけ。それで感動してその静岡事件を追及するための協力をしてくれたからぼくの心が動いたわけね、それで最終的に結婚するという具合になってたんだけれども、それは、前の無期になった高等裁判所でも法廷で言ってることなんだ、本人が。

——結婚は、どちらから切り出したんですか。

結婚、前に言ったように結婚するというか、そういう雰囲気はあったんだけれども、要するに来てしまったのね、ひょっこりという感じで。

——六年前の十二月十二日に結婚して以来、あるいはその前かと思いますが、先程あなたがおっしゃった函館の被害者、京都の被害者に対して、慰藉、謝罪交渉、これはほとんど和美さんがやってくれたわけですね。

はい。指示してやったんだけれども、最後のほうになると、ちょっとずれたけれども、とにかくよくやってくれたと思います。だけども、その、最初結婚してすぐ職がなかったのね、彼女の。

それで何考えたんでしょうね。英字新聞持って来て、イギリスにそういう職を求めてるところがあって、二年間の契約で行きたいなんて言うわけね、それで聞いて、すぐ結婚したんだけれどもすぐ離婚しましょうと、離婚して行きなさいと言って、それで治まったわけね。今度、「朝日新聞」の部長級の人の世話でバーの雇われマダムやりたいと、お金なかったからね、深見とかが、木村壮弁護士ね、お金渡さなくて、なかった時、そういうことを言って　そこでまた離婚しようということを言って、そしてその間にほとんど社会知識ないから、『共産党宣言』と、『空想より科学へ』というエンゲルスの本と、毛沢東の『実践論』、『矛盾論』を読んでくれと、それでもう最後までけんかしたんだ、読まないのね、何というか、アメリカ側で発行してる「タイムス」あるでしょう、あれさえもお父さん読むなと言うんだって。そういう反共意識が強くて、看守が面会室にいるのね、この看守でさえ、この本は読んでるんだと、国家試験にも出てくるんだから、日本では読んで当り前なんだと、おれが人を殺したのも、こういう『共産党宣言』読んでないから殺したんだって、だから読んでくれと、一緒に学ぼうと、聞きに来ていいから一緒に学ぼうと、くどい程言っても　だめなんだ、それでずっと、あまり強いこと言えないからね、とにかく結婚した以上は、長い目で（活動）〔人格改造〕すると、ミミの今の立場ではだめだと、本当のこと伝わらないというか、そういう上面だけのことを言ったら被害者がわからないという感じでいたから、とにかく学習してくれと言ったんだけれども、しないわけ。それで彼女とも、毎日のように文通してた時あるのね、初めから最後の時まで、そのくり返しなんだ。落ちついて、また問題起こしてそしてやってくれたらわかるから、一緒に学ぼうと言っても学ばない、それで思想的にも完全にだめね、それで無期になったでしょう。そのあと、今度検察官が上告して、その上告判決、最高裁の今回の判決が出る前、その何考えてるのか、カッとなってしまったわけね、夏だったでしょう、七月かな、その時、塾も休みなわけね、塾で教えてる人の中に、シンガポールに行く画商か古物商があって、その人がミミと一緒に行きたいというから許可してくれというわけね、判決直前なんだ、マスコミに叩かれるからやめてくれと、くどい程言って、落ちついたら、今度またすぐなんだけれども、おふくろに会いに行きたいと、その間に仙台まで車で、塾の男の人とドライブして行きたいというわけ。金ないと言いながら、そういうことを言うことがわからないということを言って、そしてそれも落ちついたら、今度塾でまた教えてる婦人がいて、英語の。クレー射撃やりに行きたいんだって、そんなことばかりやってると、おれ出たら別れますよと言ったわけね、そして言ったら、彼女は、少し位のぜいたくいいじゃない、と言ったわけね。そこでプツンと切れちゃったわけ。弁護士にはその二点、外国に行きたいとしょっちゅう言ってるということと、そのクレー射撃を、日本ではそういうのは金持しかやらないんだぞということを言ってもわからないというか、それを弁護士とかに言って、あんなにばかなのかなと、鈴木弁護士なんか、あとから言うんだけれども、そして何というか、今度塾を辞めることになるわけね。やめて職業探すことになるわけ。英語を使う所に行きたいと、それでユダヤ人がやってる貿易商かに行くんだけどもその本人と、永山則夫と結婚しているのがわかってて雇ってくれたんだけれども、何か宗教的なユダヤ教なんか教えようとして衝突してやめたんだけれども、そこでもまた外国に出張なんかで行くんだということを言うわけね。そして何というか、それを今度鈴木弁護士とか古川弁護士を通して行かせたらどうかとかといってくるわけね。行きなさいと、とにかく別れるから行きなさいと、おれのことはいいからという感じで言うんだけれども、その前に最高裁判決おりたでしょう。そのあと白取夫婦とミミと三人で会いに来たわけね。それで何か自分がおろされたような感じになって、涙もろくなって、それで和美一人でも生きていくんだという感じでいるわけね。そこで勝手にしなさいという感じになってミミとおれとの結婚は、日米かけて、権力犯罪のもみ消しにしかなってないと、その前からも言ってたんだけれどもね、そういうことを言って、勝手に生きていきなさいという感じで突き放したわけね、そのあとそういうふうに貿易商とかに勤める感じのことを言ってきて、もう自由にしていいという感じになったわけね、それで判決おりたあと、沖縄に祖母さんがいて、彼女のね、九十位か、そういうことの祝のために行くということで面会に来たことがあるいとこ夫婦とミミと行ったわけね、その時、二十万渡すとか、そして大谷弁護士の経営するアパートに居たわけね。そこを壊して新しいマンション造るからということで、立退く時、彼女、大谷弁護士、お金貸さなかったから、こちらも使えない時だったから、黙ってたら普通のアパート借りると思ってたんだけれども、マンションに移るということで、それは銭湯に行くのいやなんだって、何かじろじろ見られてね、それで肌のこともあるかもしれないけれど、入浴というと、バスルームがある所に移りたいと言って、それで三十万は原田和尚から借りたのかな。それでそのお金もあとから印税から永山則夫が払うことになるでしょう。そして沖縄から帰って来て、今度いとこのまりこさんという、その人の妻が妊娠して、それでラマーズ法とかの方式の病院があって、そこで産みたいということで行ったら、何か逆児らしくて、そこで血液を使ったり、その他のことで八十万くらいのお金がいるようになって、そのお金も印税から払うことになったわけね。それは『木橋』の印税あるでしょう。被害者渡して本人が二十万位借金で返してやったあとのお金、ほとんど全部使ったわけね、それであとの角川文庫のお金を使うと、最終的にそういう印税百万前後を使って、借金もその鈴木弁護士からほとんど借りていたんだけれども、百万位になって、もう、堪忍してくれというような状況になってきたわけね、そして、さっき言ったようなことでしょう。こっちも疲れてそれでいろいろ文句言うと会わないような状態になったわけ。それで最終的には、離婚届の用紙きたんだけれども、その前一年位、文通もしてない、面会もしてない、一年位ね、文通も六ヶ月位してない、そういう状態でぽんと離婚届来たわけね。

——それはいつでした。

今年の一月頃だと思う。

——それで。

それでとにかくサインだけしてくれということで、永山則夫とサインして、そしてすぐ送ったわけね、本人は勉強一筋という感じでやってたから、それどころではなかったわけね、「大論理学ノート」、丁度いいところ進んでて、これ乗りこえたらできるという感じでいたから思想一本で生きようという感じ持ってたからね、そして彼女も疲れたようだけれども、こっちも本当にお金のこと、あるいはそういうとんちんかんなことを言う、そういう感じで思想もわからない、被害者に行っても最終的に京都に行ったんだけれども、塾の教え子である高校卒業したばかりの子と行ったんだけれども、その子の一切の費用もその印税から払ったんだけれども、一週間位行ってたのかな、その間、絵葉書も寄こさないと、ああこれはもうだめだなと思って、そういう感じでいて、そういうふうに離婚届送って来たから、すぐサインして、前から自由ですよという感じで言ってたからね、それで離婚してることになったわけです。

――現在、和美さんは面会には来てませんね。

全然来てない、便りも来てない。

――文通もありませんね。

全くない。

――今年の秋、この法廷で証人に来てくれた時ですね、あなたが会ったのは。

はい。

——当審で一応、最終の事実審理になるんですが、三回にわたって永山くんの長い歴史、それから言いたいこと、お尋ねしたつもりなんですが、最後にこの事件について言いたいことがあれば述べて下さい。

三億円事件のことについて、三億円事件の犯人が後藤田正晴だと、あるいは秦野章だと、関係してると、何らかの形でね、というのは静岡事件で尾行工作やって、準特捜本部を置いた形で（兄）〔犯人〕が必ず来るなんて言って、そして取り逃がしたらピストルはおもちゃ、一〇八号とは関係ないと言ってるでしょう。そのあと二日後から事件の一週間位前の間に、三億円事件で実際使われたオートバイとかカローラとかシートとか全部その間に盗まれているわけ。そして静岡で一〇八号逃がしたあと、ぴったり一〇八号に対するキャンペーンがとまってしまうわけ。その代りであるように、三億円事件が、こうキャンペーンなりが出てくるわけね、そして当初から、あれは現職警官だといって犯人らしいという説があるわけね、いろいろな説がある中で、二つがゆり動いてたわけね、その中で逮捕されたでしょう。そしてその二日後、四十四年四月九日ですか、多摩の方でカローラ見つけて、その中にジュラルミンのお金入ってたトランクがあったでしょう。あれを発見して、そしてその発見と一〇八号重なってるということ、そして週刊誌なんか見ると、そういう悪玉、善玉という感じで分けて、少年法改悪のキャンペーンをやってるわけね、意図的に使われてるわけ。そういう中で犯人つかまらなかったでしょう。それで静岡事件、当時後藤田正晴が警察庁の次官であったということ、秦野は警視総監であったこと、土田国保、今の防衛大学の学長が刑事部長、刑事達の一番、頂にいたわけです。これは本当に責任とって辞めなくちゃいけないわけね、ところが逆に出世してるわけね、そういう感じでおかしいと言ってるわけ。そしてあと、裁判所へなんだけれども、今言ったように、国会でもやがて問題になるかもしれない、あるいはならないかもしれない、だけども、こういうふうに政策的にも非常におかしな面が一杯あるわけ。そして今までの裁判所は全然そういうことを認めてないわけね。そしてこちから見てると、今回の最高裁判決についてもそうなんだけれども、これが一番大きいんだけれども、被告人の意見、ほとんど聞かないで戦争、けんかごっこみたいな形の判決やってきてるわけね。そして今まで言ってきたように被告人〔も知らない〕〔は死なない〕と思うんだよ。人類がある限り。そしてまだ生きてて研究するとか、したほうが人類全体にとって非常に役立つことをやる人間だと思う。それに対して最高裁は今回死刑にせいと言って差戻したんだけれども、これ事実についても誤ってるし、本人からすると、法律的にも憲法的にも誤ってるしという感じの最高裁は悪いことをやってるわけね。そしてそういうのは、抵抗権てありますね。抵抗権なんだけれども、本人の学説、新しい学説になるかもしれんが　自然の抵抗権がある、それは抵抗権という場合ね、永山則夫は合法的な国家に対する権利の行使だと思うんだ、それで革命権というものがあるわけね、あれはアメリカの合衆国では認めてる、あれは一般に抵抗権と言われてるけれども、革命権がある、その革命権という時に、非合法的な手段、暴力手段で訴えるのが革命権だと思うんだ。そして今回の事件は、貧しい中で社会の差別に対しての犯行だと思うんだ、そして階級意識がほとんどなかったと、あったのは、乞食とか売春婦以外、全部殺すという意識しかなかったと、これは本当、階級意識ではないと思う。だからその革命権、非合法的な闘争やった、これは革命権の行使なんだ、そして革命権の行使の中で、政治犯と刑事犯というふうに別れてるように、本人の場合、階級意識がなかった以上は、即〔時〕〔自〕的な革命権を行使したと思うんだ、そして政治犯とかの場合、対自的な他人のための革命権の行使だから、対自的な革命権の行使となると思うんだ、そして本人の場合は、階級意識がなかった、正しい善悪判断がなかったから、即時的革命権の行使だと言いたいわけね。こういう抵抗した人間に対して不正義とか言っても　単なる戦争になるだけなんだ、こっちは悪いと思ってない、向こうは悪いと思ってない、殺し合いごっこなんだ、これではだめだと思うんだよ、そして本人殺した場合、全人〔民〕〔類〕に対する犯罪だと言ってる、そして今回間違った法律解釈、間違った事実誤認で最高裁は差戻ししたわけね、だから誤ったこと、間違ったことをやったわけ。それで今まで裁判所が被告人に謝罪するということをしたのかどうか、聞いたことはないけれども、裁判所が被告人に謝罪したほうが、かえって世の中のためになる場合もあるということを示してほしい。本人が言いたいのはそれだけです。

――そうすると、あなたは、昭和四十三、四年、本件犯行に至った原因は乞食と売春婦とアル中と、自分達に対して差別につぐ差別をする、この社会に対する復讐という意味でやったと、当時の考えではとおっしゃいましたが、その考え、今は間違っていたなと、こう思ってるわけですか。

はい。完全に間違ってると。

——それから復讐にしても何にしても、少なくとも四人の命が消えてしまったのですが、その四人の方、四人の霊に対して、あなたは今、どう思っておりますか。

その、仲間を殺したといったわけね、仲間である以上、一緒に生きていかなくちゃいけないわけ。だからこの前言ったように、共生してると言ってるわけね、これはこれからもずっと続くと思う。シャバに出て、被害者の遺族の所に行けるかどうかわからないよ。とにかく本人が一番やるべきことは、シャバに出たら被害者の墓参をすること、これを必ずやらなくちゃいけないと思う。そのあと、さっき言ったように学術的な面で全面的に全力を尽くすことで、被害者の命分も生きていけると思う。

——そうすると、亡くなっていった四人の方に対してはやはり悪いことをやったと。

仲間を殺したからね。

——間違ったことをしたと思ってるわけだね。

はい。その後悔があるために、腹切ってまで、裁判所に出た以外の、物すごい量の、シャバの人というか、社会、マスコミとかほとんどしらない、およそ発表したら大変な学術的な革命を起こす、そのエネルギーになってるわけ。後悔を転化してるわけ。これ、人間性を高めれば高める程、さっきの静岡事件、言う前、非常に苦しかった、〔知人〕〔血〕のことを思い出したから本能なんだ、人間を高めると、人間性を高めると、本能的に、本能を超えて人〔生〕〔間〕的なものが生まれてきてその中で仲間意識がもっと高くなるわけ。類意識、類感情がもっと高まるわけ。類的存在になるわけ。本当の人間になるわけ。で、本人が善良な市民は嫌いだというのは、その人間力を破壊する形で善良だとか言われてるでしょう。だからだめなんだ、市民というのは、民主主義を土台にしてるわけね、政治理念として民主主義である限り、最大多数の最大幸福〔のベンサム主義に〕しかならないわけ。そうすると、必ず少数が抹殺されていく状態があるわけ。経済状態がいい時、民主主義がうまく進むけど、ダウンする時、必ず生ずる〔摩擦〕〔抹殺〕が起こるわけ。だから、そういう意味で、でも仲間殺しをだめだというのはファシズムにつながる形で民主主義が発展するから、あるいは後退するから、そういうことを言ってるわけね。そういう中で仲間意識を鍛えるということ、被害者だけではなくて、ほかの一般の人ね、そしてその一般の人自身は市民ということで、何かえらそうにしてるけれども、これは間違いなんだ、人間にならなくちゃいけない、類的存在にならなくちゃいけない、それが本当の仲間意識を発達させるということなんだ、そうすると、永山則夫が、どれだけ苦しんでるか、内部でというか、本当の刑罰というものは、他人が下すべきものじゃないんだよ。犯行を犯した本人が一番自分の刑罰を知ってるんだよ。それもわかってほしい。

——つまり、十八年前に、あなたの本の題を借りると、無知、無知なるが故に犯したこの不幸な犯罪、こういうのが、二度と起こらないような世の中を作るために、あなたは腹を切るような病気をしてでも勉学にいそしんでいると、こういうことですか。

はい。それで勉学といっても、ただ法則を発見して法則を体系化するとさっき言ったように望みも高くなる、高くなると選択度が高くなる、自由度が高くなる、そうすると殺人やる自由も高くなるけれども、一方では、理性が発達するから、その仲間殺しのない、殺人のない、本当の社会が出てくるんだと言ってるわけ。

永山則夫略年譜　軌跡と裁判

1949年（0歳）

6月27日　北海道網走市呼人番外地に四男として生まれる。林檎剪定職人の父親と行商を営む母親の家庭で、八人兄弟（兄三人、姉三人、妹一人）。四女誕生とほぼ同じ頃、高校生だった長兄がクラスメートの女子を妊娠させ、出産後は母親が育児に当たる。父親は博打を好み、後に失踪。母親は市中に子どもを連れて移転し、小売店を営む。長姉が精神を病み、長期入院。

1954年（5歳）

10月　母親が次姉、妹、姪を連れて故郷の青森県北津軽郡板柳町に帰る。三姉（14歳）、次兄（12歳）、三兄（10歳）、則夫の四人は両親不在のまま一冬を越す。

1955年（6歳）

5月　様子を見かねた近隣住民が福祉事務所に通報、板柳町の母親のもとに引き取られる。

1956年（7歳）

4月　町立板柳小学校に入学。

1957年（8歳）

2月以降　次兄の暴力が原因で家出を繰りかえすようになる。

1958年（9歳）

2月　精神病院に入院中の網走の長姉に会いに家出。函館で保護される。

1959年（10歳）

三兄に命じられて新聞配達を手伝う。61年に長兄が上京してからは新聞配達が本格化。

1962年（13歳）

4月　板柳中学校に入学。

12月6日　岐阜県不破郡垂井町の路上で父親が逝去。

1964年（15歳）

5月　家出。福島駅で福島県警に保護され、母親と担任教諭が身柄を引き取る。

1965年（16歳）

3月　板柳中学校を認定卒業。母が入院。就職上京用にセーターを盗んで発覚。集団就職のため上京、渋谷区内のフルーツパーラーに就職。

9月24日　職場の同僚と口論し、そのまま出奔。三兄宅を訪ね一泊した後、横浜埠頭に停泊中のデンマークの貨物船に無断乗船。しかし航海中に発見され、香港から強制送還される。

10月　神戸港で次兄が身柄を引き取った後、栃木県小山市の長兄宅に身を寄せる。

10月20日　宇都宮市内の自動車修理工場に板金工見習いとして就職。

11月8日　会社を早退し、通りすがりの肉屋のレジスターに手をかけて逃走。宇都宮駅前で窃盗未遂で逮捕される。

同月10日　宇都宮少年鑑別所に収容され、鑑別考査を受ける。

同月22日　宇都宮家裁での審判で「不処分」を決定。就職先の社長が身柄を引き取り、工場に住み込み生活を始めるが、12月、ボーナス支給をめぐって社長と諍いとなり、会社を辞め長兄に引き取られる。

1966年（17歳）

1月　長兄宅を出て、ヒッチハイクで大阪へ行き、守口市の米穀店に就職する。店主の求めにより、「戸籍謄本を取り寄せるが、記載されている本籍住所が「網走番外地」であったことに衝撃を受ける。「刑務所生まれ」と誤解されることを恐れて、そのまま提出せず。

6月　東京へと向かい、池袋の喫茶店、羽田のホテルのボーイ、浅草のテキヤ見習いなどを転々とする。

8月　日光、華厳の滝手前で警察に保護される。その後、手首を切って自殺をはかる。

同月　横浜で沖仲仕の仕事を始める。

9月6日　横須賀の在日米海軍基地に侵入し、自動販売機からコインを窃取したところをMPが発見、刑事特別法違反と窃盗罪で横須賀警察署に逮捕され、留置。同室の東大生に励まされて夜間高校に行くと約束。16日、横浜少年鑑別所に移送。

10月21日　横浜家裁横須賀支部での審判で「試験観察」を決定。川崎市新丸子のクリーニング店に「補導委託」され、翌月から月一回の割合で家裁調査官による面接が行なわれる。12月の面接で高校への進学を希望する。

1967年（18歳）

1月13日　クリーニング店を解雇され、次兄宅に身を寄せる。同月28日、新宿区淀橋の牛乳販売店で住み込みを始める。

2月　板柳中学校の担任教師に進学に関する必要書類の送付を手紙で依頼する、

4月　明大付属中野高校（定時制）に入学。

同月28日　横浜家裁横須賀支部が前年9月の米軍基地侵入及び窃盗事件について東京地裁で出張

審判し、「試験観察」の終了と成人（1969年の誕生日）までの「保護観察」を決定。

6月12日　本人が出頭し二度目の面接。保護観察への不信を訴える。

同月16日　牛乳販売店を退職。「母親が死んだ」と級友に伝言し、同日より学校も欠席する。

7月20日　明大付属中野高校除籍処分。

10月12日　豊島区巣鴨の牛乳販売店で住み込みを始める。

1968年（19歳）

1月　酒に酔ってアパートの自室の畳を焦がす。これが契機となって牛乳販売店を依願退職し、ヒッチハイクで大阪に向かう。同月9日、神戸港でフランスの貨物船に無断乗船し密航を試みるが、11日、洋上で船員に発見され、捕縛される。その際、手首をナイフで切って自殺未遂。横浜海上保安部の巡視艇に身柄を引き渡され、出入国管理令違反で逮捕。その後、東京家庭裁判所で審判され、「不処分」決定。

2月20日　杉並区大宮前の牛乳店に住み込みを始める。

4月　明大付属中野高校（定時制）に再入学。クラス委員長に選ばれる。

5月7日　給料日の前日、集金に出たまま三万円余りを持ち逃げする。この頃、学校も中退。

同月10日　青森・板柳町の実家に戻るが、母に追い出される。

同月13日　北海道で死のうとするができず、実家に戻るが、地元の高校定時制への通学を断られて実家を出る。

6月　住所不定のまま横浜方面で沖仲仕に従事する。横浜市桜木町のドブ川でアル中のような人が警察官の救助の手を振り切って泥まみれで泳いでいるのを、通行人がゲラゲラ笑っている光景を目撃。

8月　自衛隊から勧誘され応募するが、米軍基地侵入の前歴を理由に不合格となる。

10月8日頃　横須賀の在日米海軍基地に侵入し高級将校の留守宅から金品とともに女性護身用拳銃（ドイツ製22口径）と弾を盗む。

同月11日　午前零時50分頃、東京都港区の東京プリンスホテルの敷地内でパトロール中のガードマン（当時27歳）に発砲。10時間後に死亡（「東京プリンスホテル事件」）。

同月14日　午前1時35分頃、京都市東山区の八坂神社境内で、同神社警備員（当時69歳）に発砲。駆けつけた警察官に「17、8歳の少年や」と言い残し死亡。永山を取り逃がした（「京都事件」）。18日、警視庁はこの二件の犯行を同一犯人によるものと断定、「広域重要一〇八号事件」に指定。

同月19日　朝、次兄宅に無心しに訪れる。理由を尋ねられ、犯行を告白。「北海道で自殺する」と言い、立ち去る。

同月24日　列車と自転車で函館から札幌へ。さらに網走に向かうが迷い、長万部で函館行きの鈍行に乗る。

同月26日　午後11時13分頃、北海道亀田郡七飯町でタクシー運転手（当時31歳）に発砲。九時間後、死亡。売上金を持ち去る（「函館事件」）。

11月5日　午前1時23分頃、名古屋市港区タクシーの運転手（当時22歳）に発砲。五時間後、死同月17日　亡。売上金を持ち去る（「名古屋事件」）。

同月18日　深夜から翌日未明にかけて静岡市内の高校、専門学校、会社事務所に侵入。現金、預金通帳等を窃取し、カーテンに放火し逃走。

12月上旬　前夜に会社事務所から窃取した預金通帳で現金を引き出そうとするが、未遂。銀行は警察に通報したが、取り逃がす。横浜へと向かう。

新宿区歌舞伎町の大衆バーに就職。中野区にアパートを借り居住。

1969年（20歳）

1月上旬　新宿区歌舞伎町のジャズ喫茶ビレッジバンガードに就職。

4月7日　午前1時6分頃渋谷区千駄ヶ谷のスクール・オブ・ビジネスに侵入、電話線を切断するなどして急行したガードマンに発見され、発砲して逃走（「原宿事件」）。午前1時37分、ガードマンの依頼を受けた付近住民から一一〇番通報。警視庁全署に「緊急配備」発令下、午前5時8分、渋谷区代々木の路上で拳銃不法所持で現行犯逮捕される（逮捕当時19歳）。

同月8日　愛宕警察署は東京地方検察庁に対し各事件の書類送検を開始。「刑事処分が相当」との意見が付される。

同月21日　助川武夫弁護士が永山則夫と面会、弁護人に選任される。23日、さらに二人の弁護士が選任され、助川弁護士が主任弁護人となる。

5月10日　東京地検八巻正雄検事は「刑事処分相当」との意見を添え、東京家庭裁判所に送致。

同日、東京家裁三淵昌子裁判官は「少年を東京少年鑑別所に送致」との観護措置を決定。収容初日に首吊り自殺を図るが未遂に終わる。

同月14日　母親と面会。永山則夫の発言は「おふくろは、オレを三回捨てた」の一言のみ。

同月15日　東京家裁四ツ谷巌裁判官は東京地検への送致（逆送）を決定。即日東京拘置所へ移送。

同月24日　東京地検八巻検事は、殺人二罪・強盗殺人二罪・銃刀法違反で東京地裁に起訴。

6月27日　20歳の誕生日。

7月2日　獄中手記執筆開始（後の『無知の涙』）。

8月8日　東京地方裁判所刑事五部（堀江一夫裁判長）で、「強盗殺人等被告事件」の初公判が開かれる。

9月8日　第二回公判。弁護人による意見陳述と検察官による冒頭陳述。

10月7日　第三回公判。

同月20日　第四回公判。

11月4日　東京地裁刑事五部による現場検証と出張尋問。拳銃盗難事件についての事情聴取を行う。

同月18日　「東京事件」についての現場検証および出張尋問。

12月9日　第五回公判。

同月22日　第六回公判。弁護人による被告人質問が行われるが途中で回答を拒否したため、20分で終了。

1970年（21歳）

1月13日　第七回公判。「京都事件」の供述調書が証拠採用され、弁護人が現場検証と証人尋問を申請

2月6日　京都市内で現場検証が行われた後、同市内の法廷で出張尋問。

同月25日　第八回公判。

4月16日　東京地裁第五部による函館市と亀田郡七飯町の現場検証。

同月17日　函館地裁で出張尋問を行う。

5月12日　第十回公判。

同月22日　第十一回公判。

6月30日　第十二回公判で尋問中に突如、英文の暗唱（ウィリアム・ボンガー著『犯罪と経済状態』の一節）を始める。

7月7日　第十三回公判（新宿現場検証）。

8月14日　第十四回公判。

同月26日　第十五回公判。弁護側が大量の証人申請と永山の精神鑑定申請を行う。

9月22日　第十六回公判。

10月14日　東京地裁刑事五部は豊島簡易裁判所へ出張し証人尋問を行う。

同月21日　同様に台東簡易裁判所において出張尋問。

11月4日―5日　青森地裁弘前支部で出張尋問。

同月25日　第十七回公判。
12月23日　第十八回公判。弁護人は獄中手記（『無知の涙』）の「ノート1」から「ノート9」までのコピーを証拠申請。裁判所は精神鑑定の採用を決定し、東邦大学医学部の新井尚賢教授を鑑定人に指定する。

1971年（22歳）

1月14日　第十九回公判で新井鑑定人が出廷、宣誓を行う。
同月27日　横浜地裁で出張尋問。
2月3日　この日から10日まで精神鑑定のため東京拘置所から板橋区加賀の病院に身柄を移送。
同月18日　第二十回公判。八巻正雄検事が証人として出廷、弁護人の尋問の後、裁判長の許可を得て永山本人による証人尋問。「ノート10」から「ノート12」までを情状証拠として提出が申請される。
同月25日　第二十一回公判。
3月10日　『無知の涙』、合同出版より刊行。
同月20日　旧巣鴨プリズンが廃監となり、改称された小菅の東京拘置所に移動する。
5月1日　堀江裁判長は静岡地裁に異動。引き続き東京地裁に兼務するかたちで公判審理を行う。
同月16日　新井鑑定人による「永山則夫精神鑑定書」が東京地裁に提出される。
同月20日　第二十二回公判。
同月27日　第二十三回公判、新井鑑定人と合同出版編集長が証言。

6月17日　第二十四回公判。検察側が論告の後、死刑を求刑。
同月19日　永山、弁護団を突如解任する。「公判対策会」発足。
同月22日　私選弁護人一人が就任。
同月24日　第二十五回公判が流れる。
7月29日　第二十六回公判で堀江裁判長の転出が決定。
12月1日　第二十七回公判が新任の海老原震一裁判長の公判審理によって開始される。五人の弁護人からなる第二次弁護団（主任後藤昌次郎）が出廷。検察側が起訴状を朗読。
「キケ人ヤ」一号、プロレタリア犯罪者同盟が発行。
同月25日　『人民を忘れたカナリアたち』、辺境社より刊行。

1972年（23歳）

1月20日　第二八回公判、被告人意見陳述。
7月25日　特別弁護人として馬渡尚憲助教授（法政大学）と杉浦克己講師（東京大学）が許可される（両者ともにマルクス主義経済学者）。
11月16日　第三十三回公判より、弁護側の冒頭陳述開始。原稿用紙にして二千枚超、朗読に一年を要する。

1973年（24歳）

5月4日　第三十九回公判で「静岡事件」を告白。

5月10日　『人民を忘れたカナリアたち』、角川文庫版刊行。
10月12日　第四十二回公判で冒頭陳述終了。弁護側は改めて精神鑑定を申請。
10月18日　『愛か―無か』、合同出版より刊行。
11月10日　『無知の涙』、角川文庫版刊行、『動揺記Ⅰ』、辺境社より刊行。
11月28日　第四十三回公判で東京地裁は再度の精神鑑定の採用を決定、八王子医療刑務所の石川義博技官（精神科医）に鑑定を命令。

1974年（25歳）

1月16日　この日から4月1日まで八王子医療刑務所に鑑定留置。犯行事実・成育歴等、詳細な事実が永山本人から明らかにされる。
4月1日　海老原裁判長、横浜地裁小田原支部に転出。後任は西川潔裁判長が就任。
6月5日　検察官は「静岡事件」について訴追の必要なしとして不起訴処分を決定。
8月31日　東京地裁に「石川鑑定書」が提出される。
9月21日　永山は精神鑑定申請を不服として、第二次弁護団を解任する。

1975年（26歳）

1月24日　永山、「死刑廃止のための全弁護士選任を訴えるアピール」発表。
4月9日　第四十四回公判。
5月　「〝連続射殺魔〟永山則夫の裁判の現状を知りカネを集める会」発足。

6月3日　第四十五回公判。被告人意見陳述。
9月10日　鈴木淳二弁護士が弁護人に就任。
10月22日　第四十六回公判が開かれる。実質審理はなし。
12月18日　第四十七回公判、弁護人による意見陳述。

1976年（27歳）

5月28日　二人の私選弁護士が加わり第三次弁護団結成（主任鈴木淳二）。
6月10日　第四十八回公判で永山は「静岡事件」の起訴を要求、西川裁判長は取り調べの可能性を示唆。
7月2日　西川裁判長、旭川裁判所長に転出。後任に蓑原茂廣判事就任。
9月21日　第四十九回公判。蓑原裁判長は更新手続きにより遅滞を警戒、第五十回（10月20日）から五十三回（12月8日）までの公判期日を一方的に指定。第三次弁護団は、10月9日、公判期日の取り消しを求める上申書ならびに訴訟進行についての意見書を提出するが「取り消し請求」は棄却された。
10月20日　第五十回公判指定日に弁護人は全員欠席。永山も途中退廷を命じられ、弁護人、被告とも不在のまま審理を続行。
12月8日　第五十一回公判。各弁護人が意見書を朗読。

1977年（28歳）

1月18日　第五十二回公判から第五十四回公判まで更新意見陳述。
4月26日　第五十五回公判。静岡事件について証人調べ。
5月頃　「〝連続射殺魔〟永山則夫の裁判の現状を知りカネを集める会」の東京メンバー「〝連続射殺魔〟永山則夫の反省＝共立運動」に組織改変。
5月24日　第五十六回公判が開かれる予定だったが、三人の弁護人は全員出廷を拒否、一方的な公判期日の指定に抗議して辞任する。
9月7日　東京地裁が東京弁護士会に対して永山の国選弁護人の推薦を依頼。
12月25日　『反－寺山修司論』、JCA出版より刊行。このころ永山は「日本囚人組合」結成、「囚人新聞」を発行。

1978年（29歳）

3月7日　政府は「刑事裁判の公判についての暫定的特例を認める法律案」（弁護人抜き裁判）を国会提出。
同月16日　東京弁護士会役員内藤義三弁護士ら三人が国選弁護人に就任。
5月17日　第四次国選弁護団（主任内藤義三）は「意見書」を裁判所に提出。
9月6日　第五十六回公判。
10月5日　第五十九回公判。「静岡事件」について三菱銀行静岡支店の元行員が証言。
11月12日　第六十回公判。石川鑑定人に対する証人尋問。
12月19日　第六十一回公判。永山が開廷直後に弁護人に詰め寄り、怒号を上げたため、蓑原裁判長が発言を禁じ着席を命ずる。しかし、それに従わず拘置所係員の制止を振り切って暴れたため、退廷。

1979年（30歳）

2月28日　第六十三回公判。検察側が論告、死刑を求刑。この時永山は「弁護人を解任しろ」と発言し、裁判長から退廷を命じられる。

3月30日　最高裁、法務省、日弁連の三者が「弁護人抜き裁判」法案を審議未了で廃案にすると合意。

5月4日　第六十六回公判。弁護人の最終弁論終わる。開廷直後、永山は机を叩き「今からこの法廷を人民法廷にする」と叫んだため、裁判長から退廷を命じられる。弁護団は被告の心因疾患を主張する。

7月10日　東京地裁刑事五部（蓑原茂廣裁判長）による死刑判決が宣告される。

同月11日　第四次弁護団は「被告の完全責任能力を認めたのは事実誤認」として東京高等裁判所に対し控訴手続をとる。

10月30日　鈴木淳二弁護士が私選弁護人に就任。

1980年（31歳）

7月31日　鈴木弁護士は新たに弁護人として加わった大谷恭子弁護士とともに、東京高裁（船田三雄裁判長）に対し「控訴趣意書」を提出。

10月25日　永山則夫と文通を通じて交流のあった米国在住の新垣和美が来日し、永山と面会。
12月12日　東京拘置所の面会室において新垣和美と結婚。
同月19日　東京高等裁判所刑事二部で船田三雄裁判長による「強盗殺人等被告事件」控訴審第一回公判が開かれる。

1981年（32歳）

3月20日　控訴審第二回公判。
4月7日　第三回公判。
17日　第四回公判。
5月18日　東京高等検察庁の公判担当検事宛に「東京事件」「名古屋事件」の遺族より被害感情についての「回答書」が届く。
同月22日　第五回公判。
8月21日　控訴審判決公判。原判決を破棄し、無期懲役の判決が下される（いわゆる「船田判決」）。判決理由「国家社会の義務と被告人に有利ないし、同情すべき情状と謝罪、慰謝あり。（一）本件事件は、劣悪な環境にあった被告人に対して、早い機会に援助の手を差し伸べる事は国家社会の義務であって、社会福祉の貧困も、被告とともにその責任を分かちあわなければならない。（二）贖罪の生涯を共に送ることを誓った女性と結婚。環境変化を認める。（三）遺児、遺族に印税を送り、慰謝、認む」。
9月4日　東京高等検察庁は、「東京高裁の判決は判例違反」として最高裁判所に異例の上告を行う。理由「（一）強盗殺人、殺人で四人を殺害した被告人が死刑を科せられた前例に反し、量刑不当、不公平。（二）高裁判決の見解は、事実上、今後の死刑判決をできなくする。（三）世論や被害感情からみて無期懲役は納得できない」。

同日　弁護団は抗議声明を発表。

12月12日　高等検察庁の江幡修三検事長は最高裁第二小法廷（大橋進裁判長）に対し「上告趣意書」を提出。

1983年（34歳）

2月　「木橋」が第十九回新日本文学賞を受賞、4月、「新日本文学」5月号に掲載。同誌の11・12月合併号には「土堤」が発表される。

4月25日　最高裁弁論。

7月8日　最高裁第二小法廷は、「原判決を破棄し東京高裁へ差し戻す」との判決を宣告。大橋進裁判長、木下忠良判事、塩野宜慶判事、宮崎悟一判事、牧圭次判事の裁判官全員一致の判決。理由「量刑判断は誤り。破棄しなければ正義に反すると認めざるを得ない。さらに慎重な審理を求む」。

12月28日　鈴木弁護士が四審（差戻審）担当の私選弁護人を受任する。

1984年（35歳）

7月15日　小説集『木橋』、立風書房より刊行。

12月19日　東京高裁刑事三部で鬼塚賢太郎裁判長による差戻審第一回公判が開かれる。第七次弁護団（主任鈴木淳二）は六人の弁護人で編成され、この日は意見陳述を行い、死刑廃止の意義について述べる。検察側は第一次控訴審以降に生じた新たな情状についてのみ審理、量刑判断することを主張。

1985年（36歳）

1月30日　鬼塚賢太郎裁判長が静岡裁判所長に転出、千葉地裁所長だった柳瀬隆次判事が後任に就く。

3月25日　第二回公判。

同月26日　「裁判ニュース」第一号裁判ニュース刊行会発行（1987年12月27日十七号まで）。

4月10日　第三回公判で弁護人は大量の証人申請を行う。

5月8日　第四回公判。

7月17日　東京高裁刑事三部は、名古屋地方裁判所豊橋支部において出張尋問を行う。

8月27日　青森地裁弘前支部において出張尋問。

9月27日　東京高裁刑事三部で第七回公判。

10月24日　柳瀬隆次裁判長が司法研修所所長に転出。宇都宮家裁所長だった石田穣一判事が後任に就く。

12月23日　鈴木主任弁護人が東京高裁に対し「精神鑑定申請書」を提出。弁護団と永山のあいだで裁判方針についての対立が深まる。

1986年（37歳）

1月23日　鈴木主任弁護士の解任。
同月31日　第七次弁護団が「精神鑑定補充書1」を提出。
2月26日　四人の弁護人を解任。
3月15日　『ソオ連の旅芸人──パロール・パロディストの一日』、言葉社より刊行。
3月31日　弁護団のなかで最後に残った大谷弁護士が「精神鑑定申請補充書1」を提出し辞任。
4月3日　新垣和美が、離婚屈を役所窓口に提出し、協議離婚が成立する。
同月4日　東京高裁刑事三部（石田穣一裁判長）は、職権により鈴木淳二、大谷恭子弁護士を国選弁護人に選任。
同月25日　第十三回公判。二人の弁護人は出廷せず。
5月7日　「文藝」夏季号に「破流」発表。
同月8日　鈴木淳二、大谷恭子弁護士は石田穣一裁判長宛に「選任命令」の撤回を申し入れる。
同月20日　第二東京弁護士会会長が東京高等裁判所長官に対し、鈴木淳二、大谷恭子弁護士に対する「選任命令」の撤回を申し入れる。
6月6日　第十四回公判の予定日だったが弁護人が出廷しないため、永山と裁判の打ち合わせを行う。
7月15日　東京高裁刑事三部（石田穣一裁判長）は、鈴木淳二、大谷恭子弁護士を国選弁護人から解任。遠藤誠弁護士を新たに国選弁護人として選任する。

9月24日　第十四回公判。遠藤誠弁護人による新垣和美、鈴木淳二、大谷恭子弁護士の証人尋問。被告人作成の「業績鑑定請求書」を提出。
10月15日　第十五回公判。
11月12日　第十六回公判から12月12日の第十八回公判まで被告人質問が行われる（本書はこれを収めたものである）。

1987年（38歳）

1月19日　第十九回公判により差戻控訴審が結審する。
3月18日　差戻控訴審の判決公判。東京高裁刑事三部（石田穣一裁判長、田尾勇判事、中野保昭判事）は、控訴を棄却し、一審死刑判決を維持する。理由「破棄しなければ、著しく正義に反する。刑は重過ぎぬ」。
5月7日　「文藝」夏季号に「捨て子ごっこ」発表。
7月10日　『捨て子ごっこ』、河出書房新社より刊行。
10月22日　最高裁第三小法廷に「上告趣意書」を提出。

1988年（39歳）

2月7日　『死刑の涙』、言葉社より刊行。
5月7日　「文藝」夏季号に「残雪」発表。
12月7日　「文藝」文藝賞特別号に「なぜか、海」発表。

1989年（40歳）

6月30日　『なぜか、海』、河出書房新社より刊行。

12月7日　「文藝」文藝賞特別号に「陸の眼」発表。

1990年（41歳）

1月29日　編集者の薦めで日本文芸家協会に入会申込書提出、2月の入会委員会で保留にされ、申し込みを取り消す。

2月6日　最高裁第三小法廷にて遠藤弁護人による弁論。

4月17日　最高裁第三小法廷（安岡満彦裁判長、坂上壽夫判事、貞家克己判事、園部逸夫判事）で上告棄却の判決公判。理由「罪責は重大」。

同月23日　遠藤誠弁護人は「判決訂正の申立書」を最高裁第三小法廷に提出。

5月　「文藝」夏季号に「異水」発表。

5月8日　永山則夫の死刑確定。

同月14日　東京拘置所内で確定死刑囚として下獄。その後まもなく、岐阜の井戸秋子が身柄引受人に就く。

5月30日　『異水』、河出書房新社より刊行。

7月4日　『無知の涙　増補新版』、『木橋』、河出文庫版刊行。

12月10日　『永山則夫の獄中読書日記』、朝日新聞社より刊行。

1992年（43歳）

10月10日　小説「華」執筆開始（死刑執行後の1997年8月4日に引き渡された原稿用紙は3438枚あった）。

1993年（44歳）

1月21日　「新論理学試論（落ちこぼれの学）」執筆始める。

3月3日　永山は東京拘置所に「日誌」と「読書ノート」を井戸秋子に宅下げする許可を求めたが不許可。

1994年（45歳）

1月　遠藤誠弁護士と接見。井戸からの身柄引受人辞退要求について相談。以降接見者なし。

3月30日　獄中通信「新論理学ニュース」を身柄引受人が発行（1997年7月号まで）。

1995年（46歳）

2月　永山は井戸あてに、身柄引受人を市原みちえか新谷のり子に頼みたいとの手紙を出す。

1996年（47歳）

3月14日　ドイツ作家同盟ザールラント州支部が永山を正式会員に。アムネスティ・インターナショナルとともに恩赦を要請。

9月　助川弁護士が、再審に役立つことを願って、一審時陳述されなかった弁論を公表。

1997年（48歳）

6月13日　井戸が身柄引受人辞任届を東京拘置所に提出。

同月16日　身柄引受人について、永山の希望候補三人に順次依頼発信が特別許可され、市原に身柄引受人依頼の手紙を出す。

7月6日　市原は依頼を断り、妻だった新垣和美を推薦する返事を出す。

同月13日　永山は遠藤弁護士に身柄引受人の相談と再審の準備をしたいとの手紙を出す。

同月28日　市原が身柄引受人依頼の件で接見。永山は、新谷と協力して運動し、「華」を出版し、印税を貧しい子どもたちへ送ってほしい、新垣和美が身元引受人になるための条件は三つなどと話す。

同日　永山は接見の前に身柄引受人を新谷のり子に頼みたい旨の手紙を遠藤誠弁護士宛に出す。このころ、松浦功法務大臣が死刑執行命令書に署名。

7月31日　遠藤弁護士は、新谷に身柄引受人の受任を打診し、その結果について、同日返事を出す（手紙は開封されずに8月4日、東京拘置所から返還された）。

8月1日　東京拘置所内で死刑執行。午前10時39分絶命。この日、同じ東京拘置所内で午前8時59分に神田英樹が、札幌拘置支所では午前10時ちょうどに日高安政、午前11時58分に日高信子が処刑される。

翌2日未明　各マスコミに死刑執行の情報が入り、確認と配信が行われた。各新聞とも当日朝刊の最終版までにこのニュースを報道。この日午前、遠藤、大谷弁護士が電話で身柄引き受けを申し出たが、午後3時に遺体は荼毘に付される。

同月4日　午後四時半、遠藤誠弁護士、大谷恭子弁護士、新垣和美らが遺骨と遺品を引き取る。

同月18日　新垣和美が遺骨を北海道網走沖に散骨。

9月1日　「永山子ども基金」設立。10月、『遺稿集　日本』、冒険社より、11、12月、『華』全四巻、河出書房新社より刊行。その翌年にも河出書房新社、朝日新聞社から著書が刊行された。

（作成協力・市原みちえ）

遠藤誠（えんどう・まこと）

一九三〇—二〇〇二年。一九六一年弁護士登録。帝銀事件の平沢貞通、奥崎謙三（『ヤマザキ、天皇を撃て！』の著者）などを手がけた。

著書——『交遊革命　好漢たちとの出会い』『怪物弁護士・遠藤誠の事件簿　人権を守る弁護士の仕事』（共に社会批評社）など。

大谷恭子（おおたに・きょうこ）

一九七八年弁護士登録。「永山子ども基金」代表。

著書——『死刑事件弁護人　永山則夫とともに』（悠々社）、『それでも彼を死刑にしますか　網走からペルーへ　永山則夫の遙かなる旅』（現代企画室）など。

井口時男（いぐち・ときお）

一九五三年生まれ。文芸評論家。

著書——『少年殺人者考』（講談社）、『永山則夫の罪と罰　せめて二十歳のその日まで』（コールサック社）など。

法廷調書

著者　永山則夫

二〇二一年十一月二〇日　第一刷発行

発行者　神林豊
発行所　有限会社月曜社
〒一八二‐〇〇〇六　東京都調布市西つつじヶ丘四‐四七‐三
電話〇三‐三九三五‐〇五一五（営業）　〇四二‐四八一‐二五五七（編集）
ファクス〇四二‐四八一‐二五六一
http://getsuyosha.jp/

編集　阿部晴政
カバー写真　森山大道（一九七一年 北海道）
装幀　町口覚
印刷・製本　モリモト印刷株式会社

ISBN978-4-86503-123-2